Landolf Scherzer

Mitleid ist umsonst, Neid mußt du dir erarbeiten

Reportagen.
Mit einem Vorwort von
Günter Wallraff

edition ost

ISBN 3-929161-95-8

Titelfoto: Für den Ostmarkt
auf Halde produzierte
Maschinen des Magdeburger
SKET-Werkes, die nach 1990
keinen Abnehmer mehr
fanden; Ullstein Bilderdienst
Rücktitel: privat
Reihenentwurf: TRIALON
Satz: edition ost
Druck: Nørhaven A/S,
Dänemark

Die Deutsche Bibliothek –
CIP-Einheitsaufnahme
Scherzer, Landolf: Mitleid ist
umsonst, Neid mußt du dir
erarbeiten : Reportagen /
Landolf Scherzer. Mit einem
Vorw. von Günter Wallraff. –
Berlin : edition ost, 1997
(Rote Reihe)
ISBN 3-929161-95-8

Das Buch

Landolf Scherzer versucht von der Treuhand das Geraer Rittergut zu kaufen, er unterhält sich mit einer westdeutschen »Puffmutter«, die nun im Osten anschafft, recherchiert das Schicksal einer arbeitslosen Frau, die – das Kind im Arm – schon an der Balkonbrüstung stand, dann aber doch nicht sprang. Er erlebt »Deutsche, Deutsche über alles« im Riesengebirge, sucht die Erben der Buchenwaldöfen, findet die Dr.-Kohl-Rose inmitten blühender Landschaften in Cottbus, erhält wegen seines zu geringen Monatseinkommens keine behördliche Genehmigung für die Einladung seines russischen Freundes Sascha, wandelt in den Geisterhallen der ehemaligen Leipziger Buntgarnfabrik, liest vor den Hungerstreikenden in Bischofferode, spaziert auf der »Meile der Eitelkeiten« in Berlin und hält eine Rede über den Lexikon-Meyer und seine einzige polizeiliche Zuführung als er beim Wasserprobieren an der Werra erwischt wurde...

Der Autor

Landolf Scherzer, Jahrgang 1941, wurde durch literarische Reportagebücher bekannt. Er schlachtete vor Labrador den Fisch (»Fänger und Gefangene«), preßte in Mocambique Hohlblocksteine, beobachtete einen 1. Kreissekretär der SED bei seiner Arbeit (»Der Erste«). Die wichtigste Station auf seinem Weg zum Reporter war die Zeit nach dem Journalistikstudium, als er 1964/65 an einem Reportagekurs bei Jean Villain teilnahm. Dort erlernte er nicht nur sein Handwerk, sondern er übte auch – wie die anderen Kursteilnehmer – seinen kritisch-analytischen Blick auf die Gesellschaft. Der Kurs wurde »aufgelöst« und Scherzer »zur Bewährung« in die Suhler Provinz beordert. Dort arbeitete er bis 1975 beim »Freien Wort«. Danach schrieb er Reportagen, Hörspiele und Theaterstücke. Er erhielt den Heinrich-Heine-Preis. Nach der Wende wich der Autor »deutschen Themen« aus und bereiste die untergehende Sowjetunion (»Auf Hoffnungssuche an der Wolga« und »Am Sarg der Sojus«). Mit dem vorliegenden Buch kehrt der bei Suhl lebende Autor zu hiesigen Problemen zurück.

Inhalt

»Schreib das auf, Scherzer!«

Landolf Scherzers Verdienst, die literarische Reportage zu neuem Leben erweckt zu haben, hat ganz sicher auch mit seiner gesellschaftlichen und künstlerischen Außenseiterrolle zu tun. – Da ist jemand sich und seinen Lesern treu geblieben.

Scherzer war und ist der präzise und detailgenaue Beobachter und Chronist: Jenseits der jeweils angesagten politischen Propaganda fühlt er sich den gesellschaftlich Ausgebooteten und Nichtrepräsentierten nahestehend.

Wenn Scherzer auf Reisen geht nach dem Motto »Warum in die Ferne schweifen, sieh, das Schlimme liegt so nah!« erlebt er die Welt weder mit dem Einverständnis des Konsumenten noch als sensationslüsterner, die Erwartungen des Marktes befriedigender Klischeereporter. Scherzer nähert sich seinen Themen behutsam und diskret als Mitbetroffener, zuweilen auch als Mitleidender. Was nicht bedeutet, daß er die Opfer verklärt, idealisiert oder ihnen nach dem Munde redet; er nimmt die Protagonisten seiner Reportagen einfach ernst, er behandelt sie liebevoll, ist oft verwundert, sogar fassungslos, nie haßerfüllt. Er MENSCHELT nicht, er DÄMONISIERT auch nicht, und OSTALGIE ist ihm fremd. Selbst die miesesten Gestalten seiner sozialkritischen Erkundungen, politische Schaumschläger und Betrüger, windige Wendegeschäftemacher, mehrfach gewendete Wendehälse führt er nicht als verabscheuungswürdige Schurken vor, vielmehr in ihrem Spielraum und in ihrer Rolle oft als konsequent handelnde Erfüllungsgehilfen und Handlanger vorgegebener Entscheidungen.

Landolf Scherzer berichtet nie vom Standpunkt des All- und Besserwissenden. Er nähert sich als Fragender, zuweilen Staunender; statt zu belehren, wundert er sich, und so gibt er auch denen eine Chance, die es immer schon gewußt haben und meinen, nichts dazulernen zu müssen.

Sogar Scherzers Selbstkritik ist wohltuend unpathetisch, lakonisch und verallgemeinerungsfähig. Ein Beispiel: »Ich sagte etwas von Proben, Umweltverschmutzung, Buch schreiben. Aber weil ich keinen Behördenausweis besaß und private Umweltmessungen damals verboten waren, wurde ich das erste und einzige Mal in meinem unheldischen Leben polizeilich zugeführt. Auf dem Revier machte ich bei der Erklärung meines Umweltprotestes den Fehler, statt des mutigen ICH, das feige kollektive WIR zu verwenden. Das verschärfte die Sache, man vermutete Gruppenbildung. Wie oft haben wir uns in der Vergangenheit hinter dem WIR versteckt?«

Landolf Scherzer unterscheidet sich deutlich und eindeutig von den üblichen und oft üblen »Reportern« in Zeitungen, Illustrierten und Fernsehanstalten, die sich an der literarischen Form der Reportage vergriffen und sie dermaßen ausgeleiert, prostituiert und inflationär entwertet haben, daß man schon einen neuen Begriff dafür finden möchte.

Da werden die Bilder, die uns die Medien über die Wirklichkeit dieses Landes verkaufen, einerseits immer greller, unschärfer, überblendeter, verfälschter und immer schneller in ihrer Folge – kaum gezeigt und schon vergessen – und da setzt andererseits einer an seinem Schreibtisch entgegen dieser oberflächlichen Schnelligkeit und Schnellebigkeit mühevoll und hintergründig Teil für Teil eines genauen Wirklichkeitsbildes zusammen, ein Puzzle aus gründlicher dokumentarischer Recherche und Erlebnisschilderung. Der Berichterstatter und Zeitzeuge Scherzer versucht, wie sein Vorbild Kisch, als »Schriftsteller der Wahrheit« die Vergangenheit und Zukunft in Beziehung zur Gegenwart zu setzen und das mit Phantasie und solidem Handwerk.

Er scheut sich nicht, die traditionelle Reportage ohne modernistischen Schnickschnack für seine aktuellen Themen zu verwenden und schafft es, Wirklichkeit nicht, wie zumeist üblich, lediglich als schnell zu vermarktende Sensation zu BENUTZEN, sondern sie im klassischen Sinn der Reportage durchschaubar, nacherlebbar zu machen. Dabei hat er sich auf ein schwieriges Unterfangen eingelassen, denn immer weniger Zeitungen und Zeitschriften veröffentlichen sie noch: die große Reportage zu sozialen, ökologischen und anderen wichtigen Themen dieser Zeit, einer Zeit übrigens, die wegen ihrer Konflikte geradezu nach Reportagen schreit, denn soziale Spannungs- und politische Umbruchzeiten waren immer auch Hoch-Zeiten der Reportage.

Als Insider, Leidtragender und Nutznießer der neuen Freiheit versucht Scherzer, diese ihm bislang fremde Wirklichkeit einer hemmungslosen »Marktwirtschaft« für sich und seine Leser transparent zu machen. Er tut das gegen Politik und Medien, die das große Geld auch damit verdienen, daß sie diese »schöne neue Welt« à la Huxley für den kleinen Mann undurchschaubar verklären und verfälschen.

Der Reporter Scherzer hat nicht spektakulär die Tresore der Treuhand geknackt, aber er hat statt dessen zum Beispiel versucht, als ehemaliger DDR-Bürger ein von der Treuhand angebotenes Schloß zu kaufen.

Er hat in Erfurt nicht nur die Erben der Topf-Firma gefunden, die die Verbrennungsöfen für Buchenwald und Auschwitz herstellten, sondern auch die moralische Anfälligkeit der »sozialistischen Arbeiter«, die 1988 mit den angolanischen Arbeitern ihres Betriebes bei Brigadefeiern auf die »ewige internationalistische Freundschaft« tranken und zwei Jahre später diese angolanischen Arbeiter wie Freiwild jagten. Und er hat die Geschichte der jungen, alleinstehenden, arbeitslosen Frau notiert, die mit dem kleinsten ihrer drei Kinder schon draußen auf dem Sims des Balkons ihrer Hochhausplattenwohnung in Bad Salzungen stand und nicht sprang...

Die letzten weißen Flecken auf der Landkarte der Erde sind inzwischen verschwunden. Nicht so die weißen Flecken in der Landschaft der aktuellen sozialen Wirklichkeit dieses Landes. Der Reporter betritt sie in diesem Buch nicht nur aus beruflicher Neugier, sondern auch aus einer Verantwortung für die Menschen, die er in ihren Lebensnöten beschreibt.

Scherzer serviert dem Leser nicht das schnell aufgepeppte, überall gleiche Fast-Food-Häppchen der meisten Medien, er bereitet vielmehr ein nach traditionellen Reportagerezepten ordentlich gekochtes Gericht, er serviert Wirklichkeit in nahrhafter Form. Reportage wird in dieser Zeit sozialer Konflikte wieder zu einem wichtigen LEBENSMITTEL.

Günter Wallraff
Köln, im Februar 1997

Feenmärchen zu verkaufen

Als ich im Geraer Ortsteil Roschütz eine alte Frau nach dem Rittergut frage, mustert sie mich ungläubig und will wissen, ob ich es auch kaufen möchte. Ich nicke, und mütterlich rät sie, mich möglichst nicht bei den Bewohnern blicken zu lassen. Die würden am liebsten ihre Wohnungen verbarrikadieren, denn sie wüßten ja nicht, was der neue Gutsbesitzer dann daraus machen würde. »Vielleicht Pferdeställe.«

Nach dieser Warnung weist sie mir den Weg durch Wiesen und Äcker zum Rittergut. Es thront auf einer Anhöhe weit draußen am nördlichen Ortsrand von Gera. Der Dezemberwind bläst kalt, und ich laufe mich im Geviert von Gutshaus, Wirtschafts- und Wohngebäude und Stallungen warm. Eine Frau Eckstein, die mir im Auftrag der Liegenschaftsgesellschaft der Treuhand die Gebäude zeigen und anpreisen soll, ist auch eine Viertelstunde nach dem vereinbarten Termin noch nicht zu sehen.

Wütend klinke ich an den Türen des herrschaftlichen, mit vielen Erkern und Fachwerk geschmückten, dreistöckigen Gutshauses. Die sind verschlossen. Ich versuche durch die Fenster ins Innere zu lugen, aber die sind blind oder mit rindigen Abfallbrettern vernagelt... Dabei schien mir der Schloßkauf bis zu diesem Moment sehr einfach.

Ich hatte mir in dem »Schlösser für die Zukunft. Fairy-tales for sale«-Hochglanzkatalog, mittels dessen die Treuhand-Liegenschaftsgesellschaft für den Richtpreis zwischen 1 DM und 3 800 000 DM zwanzig Burgen, Schlösser und Herrenhäuser, gelegen auf dem Gebiet der alten DDR, in aller Welt anbietet, ein kleines und ein großes Anwesen ausgesucht: das Rittergut bei Gera für 2 100 000 DM und das Marienthaler Schlößchen bei Schweina (Wartburgkreis) für 430 000 DM. Rief in den zuständigen Treuhand-Büros in Gera und Suhl an, erhielt von dort je ein dickes grünes, undurchsichtiges Kuvert, in dem ich bis zum 14. Dezember 1994 um 14 Uhr einen Erwerbsantrag mit Angaben zur Schloßnutzung, den geplanten Investitionen, den gesicherten Arbeitsplätzen, dem Kaufangebot, meinen Referenzen, Bankverbindungen und den Nachweis meiner Bonität abzugeben hatte. Zuvor nannte man mir einen Besichtigungstermin. Und zu diesem Termin stehe ich nun frierend vor den verschlossenen Türen des Rittergutes.

Bis 1893 war es als Herrschaftssitz in adligen Händen geblieben. Anschließend Sommerresidenz Geraer Großindustrieller. Nach deren Weltwirtschaftskrisen-Bankrott mußte es 1930 schon einmal in Treuhandverwaltung. Und die ließ es zu einem Reichsarbeitsdienstlager für Mädchen umfunktionieren. Nach dem Krieg Lazarett der Roten Armee. Später Internat für die Ausbildung von Thüringer Volksrichtern, schließlich bis zur Wende Schulungsstätte für Pionierleiter und nach dem Systembankrott wieder im Besitz der Treuhand. Deutsche, für mich vorerst noch verschlossene Zeitgeschichte...

Eine Tür des flachen, lehmbraun verputzten und trotzdem ungeniert seine roten Ziegel zeigenden Wirtschafts- und Wohngebäudes öffnet sich. Drinnen wischt eine junge Frau das Treppenhaus. Nein, sagt sie, die Eckstein hätte sie heute noch nicht gesehen. Sie schaut mich eher neugierig als feindselig an, erzählt, daß es hier neuerdings wie im Taubenschlag zugehen würde. Gleich nach der Wende wären Frauen aus der BRD gekommen. »Die standen im Hof und erinnerten sich andächtig der Zeit im Reichsarbeitsdienstlager.« Die ehemals verwundeten russischen Soldaten wären noch nicht wieder erschienen. »Haben jetzt wohl andere Sorgen.« Dann aber die feinen Herren Schloßkäufer aus dem Westen. »Die den Mund nicht aufkriegen, naserümpfend hier umherstolzieren und genauso wortlos wieder verschwinden. Aber noch schlimmer sind die neuen Möchtegernreichen aus dem Osten, die im alten Mercedes vorfahren. Die latschen, ohne sich die Schuhe abzutreten, in unseren Wohnungen herum, taxieren den Grundriß des Kinderzimmers und sagen grinsend: ›Das gibt 'ne schöne Bar oder sowas ähnliches.‹« Sie schüttet das Spülwasser neben der Tür aus. Vier Familien, eine mit vier Kindern und einem Hund, würden noch in dem alten Wirtschaftsgebäude wohnen. Alle hätten bis 1990 in der Pionierschule, also dem herrschaftlichen Gutshaus, gearbeitet. »Die Frauen in der Küche oder im Sekretariat, die Männer als Heizer oder Hausmeister.«

Von Frau Eckstein noch immer keine Spur. Dafür gesellen sich der ehemalige Heizer und der Hausmeister zu uns. Der Heizer ist unrasiert. Seine Augen weichen aus, wenn man ihn anschaut. Seit reichlich drei Jahren würde er die Pionierschule nicht mehr beheizen. »Niemand heizt dort. Im Winter sind die Wasserleitungen aufgefroren. Drei Winter ohne Heizung haben drinnen mehr kaputtgemacht als vierzig Jahre DDR.« Und er rechnet mir vor, wie wenig die Kohlen und seine Arbeitsstunden die Treuhand gekostet hätten: »Nicht mal einen Bruchteil von der Summe, die man nun braucht, um die Nässe wieder rauszukriegen... Aber es ist ja nicht ihrs.« Und der Hausmeister erzählt, daß er seine Wohnung, die ja auch nicht seine wäre, im letzten Jahr vom eigenen Geld renoviert, das Bad gefliest hätte. »Doch wenn jetzt einer kommt, der den Krempel kauft und uns rausschmeißt, werde ich zuvor alles eigenhändig wieder abhacken.«

Ich frage, weshalb die vier Familien das Wirtschaftshaus, das 400 000 DM kosten soll, nicht zusammen kaufen. Die Frau, sie heißt Liebherr, lächelt böse. »Wir waren deswegen schon bei der Bank, aber in zwei der Familien hat niemand mehr Arbeit. In solch einem Fall verborgt die Bank keinen Pfennig.«

Frau Eckstein erscheint an diesem Tag nicht mehr. Die Türen vom Roschützer Rittergutshaus bleiben mir verschlossen.

Bevor ich zum Marienthaler Schlößchen fahre, erkundige ich mich in der Suhler Außenstelle nach den Besichtigungsmöglichkeiten.

Die dortige Treuhand residiert in der dickmäurigen, einer runden Trutzburg nicht unählichen ehemaligen Stasi-Zentrale Südthüringens. Hier drin war ich noch nie, weder vorher noch hinterher...

Ein grell bemaltes Fitnesscenter wirbt mittlerweile für Sauna, Schönheit, Kraft und Entspannung. Zwischen vielen Büros finde ich in einem langen Gang die Liegenschaftsgesellschaft. Und Frau Brandt – früher Arbeitsökonomin, dann arbeitslos, Umschulung und nun verantwortlich für den Verkauf von Betriebsferienlagern, Bungalows und Schlössern – versichert mir, daß ich mich wegen der Schloßbesichtigung jederzeit beim Pförtner des nebenan stehenden Kugel- und Rollenwerkes Schweina melden könnte.

Der Betrieb, der sich mit seinen großen alten Hallen kilometerweit in der Flußaue ausbreitet, ist nicht zu verfehlen, doch das Schlößchen finde ich nicht. Und Ortsansässige, die ich nach dem Marienthaler Schlößchen frage, kratzen sich den Kopf: »Ein Schlößchen? Ham wir hier nicht.« Bis mir einer sagt: »Das ist unser Betriebskulturhaus, unten Küche und Kantine drin, das heißt, seit zwei Jahren ist die Küche dicht.«

Das Schlößchen, ein zweigeschossiger, streng symmetrischer klassizistischer Bau, sieht ein bißchen nach Kantine aus. Schmuddelig. An der Hinterseite hat man eine dicke Heizschlange wie eine Infusionsleitung in das Gemäuer gesteckt. Darunter eine häßliche Rampe, wohl zum Verladen von Rotkohl und Kartoffeln... Der Park (24 000 Quadratmeter!) ist verwildert, mittendrin ein Schießstand und Teiche zu Tümpeln verwunschen. Der Pförtner des Betriebes hat die Schlüssel zum Schloß. Er telefoniert mit Herrn Zimmermann, der mir aufschließen soll. Das dauert. Und der Pförtner erzählt mir inzwischen vom vielleicht letzten Stündlein des 1879 gegründeten Großbetriebes. Seit einem Jahr laufe die Liquidation, wenn in den nächsten zwei, drei Monaten kein Käufer gefunden würde, sei endgültig Schluß...

Herr Zimmermann, Mittelalter und schlank, im Betrieb für Ver- und Entsorgung verantwortlich, ist freundlich, aber sehr in Eile. Er probiert lange mit den Schlüsseln des dicken Bundes. Die Außentür knarrt. Drinnen ist es warm.

»Sie heizen noch?«

»Ja, ist zwar nicht mehr unser Kulturhaus, aber es war ja so lange unser.«

Im Speisesaal stehen über zweihundert Stühle. Die Essenausgabe. Tafeln mit Speiseplan und Essenvorauswahl an der Wand. Ein Vorwende-Zettel: »Ung. Gulasch mit Gemüse und Kartoffeln:1,20 Mark. Linsensuppe: 0,60 Mark.«

Die Küchen-Kessel sind demontiert. Eine schöne Wendeltreppe führt hinauf in das Obergeschoß. Kultursaal. Betriebsbibliothek. Hier stehen noch Honecker neben Heym und Kant neben Kafka. Die Betriebsschneiderstube. Und dann ein Extraschlüssel für das Fröbelzimmer. 1851 war der weltbekannte Pädagoge Friedrich Fröbel, der Vater des Kindergartens, in das 1808 errichtete

Marienthaler Schlößchen eingezogen, gründete im Auftrag des Meininger Herzogs das erste Seminar für Kindergärtnerinnen in Deutschland. Hier starb er im Juni 1852, kurz nachdem die Kindergärten in Preußen verboten worden waren. An sein Grab in Schweina pilgern jährlich Hunderte Japaner, denn Fröbels Pädagogik ist ein Bestandteil des heutigen japanischen Erziehungssystems.

Wieder vor der Tür, fragt Herr Zimmermann, ob ich den Park besichtigen möchte. »Nein, den kenne ich. Die Teiche müßte man aufräumen.«

Er schüttelt den Kopf. »Mit Aufräumen allein ist da nichts getan, seit Jahren fließen die Abwässer des Betriebes dort hinein. Schlösser und Betriebe, die die Treuhand heutzutage immer noch wie Sauerbier anbieten muß, das sind eben wirklich die letzten.«

Zimmermann entschuldigt sich, er muß dringend in den Betrieb. In einer halben Stunde könnten wir dann weiter über Fröbel und das Schlößchen reden.

Ein fülliger Mann an der Pförtnerbude, der gehört hat, daß ich das Schlößchen kaufen will, zeigt mir grinsend seinen fliegenklatschenbreiten Daumen. Ja, er sei der sogenannte »breitgekloppte Karl«. Die alte Presse...! Und er müsse mir mal sagen, daß es die Leute hier einen feuchten Kehrricht interessiert, ob dem Fröbel sein Zimmer erhalten bleibt und das Schloß gekauft wird. »Von den tausend Leuten im Betrieb haben noch knapp zweihundert Arbeit und die wohl bald auch nicht mehr. Das interessiert die Leute, nicht der tote Fröbel und das Schloß!«

Die Treuhand hatte das Kugel- und Rollenwerk 1991 an den bayerischen Unternehmer Truckenmüller verkauft. Ein guter Geschäftsmann, wie sie versicherte. Sein bestes Geschäft: Er ließ den ölbelasteten Boden im Betrieb mit Hilfe von Treuhandgeldern abtragen. Brachte ihn für 100 000 DM auf eine Thüringer Müllkippe, berechnete aber über drei Millionen DM Entsorgungskosten nach bayerischen Spezialdeponiepreisen. Da mußte er vor Gericht und die Treuhand den Betrieb zurücknehmen. Zwei Tage vor Weihnachten '93 bestellte sie Betriebsratsvorsitzende, Geschäftsführer und Betriebsleiterin nach Berlin. Die hofften auf einen neuen Käufer, statt dessen verkündete die Treuhand die sofortige Liquidation. Die drei vom Betrieb schafften es, vor dem Fest das »Geheimnis« für sich zu behalten, erst im Neuen Jahr verkündeten sie es. Seitdem gibt es zwar volle Auftragsbücher, aber der Betrieb müßte der Rentabilität wegen räumlich verkleinert werden. Allein die Heizkosten fressen fast zwanzig Prozent vom Umsatz.

Zimmermann ist zurück, erzählt mir von den anderen Interessenten fürs Schlößchen. Großprotze seien dabeigewesen, wohl auch Geschäftemacher, aber auch solche Leute wie das Ehepaar Lewandowski aus dem Niedersächsischen. Das wollte keinen Profit um jeden Preis, sondern das Schlößchen in ein Spielzeugmuseum umwandeln. »Und schlecht erhalten ist das Gebäude nicht. Unsere Betriebshandwerker, wir hatten mal zwanzig – und Neues gab's selten in der DDR, deshalb mußten wir Altes immer wieder reparieren –, also die zwanzig haben viel gemacht in unserem Schlößchen.«

Werner Raßbach ist als letzter von den zwanzig übriggeblieben. Ein »Vierundfünfziger«, wie er mir erklärt. »Sonderreglung. Wir werden im Mai entlassen, sozusagen als Vor-Vorruheständler.« Auf Arbeit hoffe er dann nicht mehr, hier, wo zwanzig Kilometer entfernt tausend Kalikumpels in Merkers ohne Job wären. Aber er wolle nicht klagen, ökonomisch gehe es ihm nicht schlecht, besser als zu DDR-Zeiten... Und was das Schlößchen beträfe, sie hätten dort regelmäßig gemalert, die Heizung neu verlegt. »Wissen Sie, wir besaßen als Betrieb aber nicht nur das Kulturhaus. An der Ostsee haben wir ein Betriebsferienheim gebaut. Hier in der Nähe am Krätzersrasen wunderschöne Bungalows für die Kinder. Und dafür verzichteten wir manchmal sogar auf die private Jahresendprämie – war nicht so wenig zu alten Zeiten – und haben das Geld für die Kinderferien-Häuschen auf dem Krätzersrasen verwendet. Haben also unser Privates genommen, um für alle was zu schaffen. Und das ist doch nun die ganz große Scheiße: Wir haben mit unserer Arbeit in vierzig Jahren immer nur sogenanntes Volkseigentum vermehrt, nie Privateigentum. Und nun, wo dieses Volkseigentum verscherbelt wird, können wir, die es erarbeitet haben, nicht mitbieten, weil wir kein nennenswertes Privateigentum besitzen.«

Bevor er sich verabschiedet, empfiehlt er mir, nicht das Schlößchen, sondern einen dieser wunderschönen Bungalows auf dem Krätzersrasen zu kaufen. »Weil mir das Herz weh tut, wenn ich sehe, wie die Häuschen, die ich auch von meinem Geld mitgebaut habe, nun vergammeln.«

Ich rufe an, erkundige mich nach den Bungalows. Ja, im Prinzip könnte ich sie kaufen, aber sie wären mit einer hohen Grundschuld belastet. Die habe der Herr Unternehmer Truckenmüller für einen guten halben Millionen-DM-Kredit von der Bank als Bürgschaft auf die Ferienhäuschen eintragen lassen...

Fünf Tage vor Weihnachten werden die grünen undurchsichtigen Bieterbriefe in der Treuhand geöffnet. Zehn seriöse Angebote für das Schlößchen. In die engere Wahl kommen eine Firma aus Japan, die im Schlößchen eine Schule für japanische Manager einrichten will, die Bundeswehr, die Wohnungen ausbauen möchte, und die Spielzeug-Museumsleute.

Für das Geraer Rittergut ist unter anderem ein Hotel im Gespräch.

Fünf Tage nach Weihnachten rufe ich die Betriebsleiterin in der Kugel- und Rollenfabrik an. Nein, die Entscheidung ob Schließen oder Weiterarbeiten sei noch nicht gefallen. Bislang gäbe es keinen Käufer für den Betrieb. Doch die Uhr sei bald abgelaufen.

»Fairy-tales for sale. Feenmärchen zu verkaufen.«

Die Meile der Eitelkeiten

Von der Kreuzung Unter den Linden bis zum Checkpoint Charlie treffe ich auf der Berliner Friedrichstraße, der »künftigen Flaniermeile Europas«, zwischen Bauzäunen, Baggern, bunten Visionsgemälden künftiger Großbauten des Kapitals und dem fast fertigen Lafayette-Glaspalast, der in Größe, Form und mit seinen leuchtenden Bulleyes an die Titanic erinnert, um 21 Uhr genau zweiunddreißig Fußgänger.

Drei Frauen beäugen die hinter Gerüsten versteckten Schaufenster. Amüsieren sich über das 1800-DM-Kleid und die 600-DM-Tasche in einer Luxusboutique.

»Mußt nur den richtigen Mann finden.«

»Solch einen Idioten von Mann, der mir so was kauft, kann's doch gar nicht geben.«

Wenige Schritte weiter, Friedrichstraße 176-179, steht das Haus der sowjetischen – heute russischen – Kultur. Im linken Schaufenster des 1984 erbauten Hauses entschuldigt eine in Samt gefaßte Aufschrift »Nachtdekoration« die nach Geschäftsschluß ausgelegten Billiguhren für nur 6 520 DM. Goldener Glanz und Glitzer der Weltfirma Christ. Die russischen Hoffnungsfunktionäre mußten vermieten. Einer, der am Haupteingang die Matrjoschkas in Vitrinen akkurat der Größe nach ordnet, erklärt mir, daß Rußland der Eigentümer dieses Hauses sei, weil es die Auslandsschulden der ehemaligen Sowjetunion übernommen und dafür alle Botschaften und anderen Immobilien in bester Lage in den Zentren der Welt erhalten hat. Im Moment würden sich aber verschiedene Ministerien mit Jelzin über die Eigentumsrechte streiten...

Am hell erleuchteten riesigen Mercedes-Salon gehe ich schnell und blicklos vorbei. Dann stoppe ich gewohnheitsgemäß vor dem Grenzübergang. Eine Brettermauer, wenn das Wort erlaubt ist, versperrt die Friedrichstraße, und ein großes Schild warnt: »Halt! Hier wird gebaut... eine der attraktivsten Busineß-Adressen Europas. (800 000 qm Büros, Geschäfte...).«

Auf dem Rückweg versuche ich das Innere der gläsernen Titanic zu erkunden. Treppen und Lichtschächte verbunden durch schwankende Bohlenbretter. Darüber die gläserne Sternenkuppel. Ich frage nach dem Bauleiter. Die Arbeiter verstehen mich nicht. Sie sprechen polnisch. Hier wird Frankreichs Modezar Lafayette seinen Tempel errichten. Außerdem, so steht's draußen zu lesen: »19 000 qm lichtdurchflutete Büroflächen, 20 000 qm exklusive Geschäfte.« Das Schild am Gebäude nebenan: »Luxuspassage, 44 Läden, 16 000 qm Prestigebüros.« Und das Schild daneben: »Das Flair von Berlin-Mitte lebt wieder auf... ganz in der Tradition dessen, was die Architektur dieser Stadt so liebenswert und lebenswert machte. Gebäude mit individuellem Charakter, in menschlichen Dimensionen.«

Schlafen müßte ich irgendwo. Fast am Ende der Flaniermeile finde ich in der Friedrichstraße 124 die Hotel-Pension »Amadeus«. Junge Männer feilschen um die Zimmer. Aus ihren Reisetaschen spießen blankpolierte hölzerne Wasserwaagen mit eingravierten Initialen. Nordirische Billigarbeiter für die Baustellen der Friedrichstraße. Ich bekomme nur noch ein Vierbettzimmer. »Das beste des Hauses.« Ein Doppelstockbett aus rohen Brettern zusammengenagelt. Am Kachelofen warnt ein Zettel: »Nicht benutzen!« Und vor der Ofentür steht ein winziger Eimer mit eingelegter Plastetüte, wie in der Kabine eines Pornokinos. Aber kein Waschbecken. Dafür Teppiche auf dem Boden. Vor zwei Jahren hat der Tunesier Taunfous die Pension – 1990 bis 1993 war sie Nutten-Absteige – von der Treuhand gemietet. Im Hotel mit fast achtzig Betten beschäftigt er drei Leute. Ein schwedisches Mädchen, einen ehemaligen NVA-Major aus Strausberg und für den Nachtdienst Matthias, den Fünfundzwanzigjährigen, der auf seinen Gerichtsprozeß wartet und deshalb eine Bleibe nachweisen muß. Zwei von den dreien arbeiten nur für die kostenlose oder verbilligte Unterkunft bei Taunfous. Aufbruchstimmung.

Am nächsten Tag erlaufe ich mir die 3,3 Kilometer Friedrichstraße über eine Brücke und dreiundzwanzig Kreuzungen vom Oranienburger Tor im Norden bis zum Mehringplatz im Süden. Der nördliche Teil hat sich, abgesehen von aufgerissenen Straßenbahngleisen, wenig verändert. Kleine Kneipen. Sogar noch

Tischlereien. Rentner, die ihre Hunde an alle Straßenbäume pinkeln lassen. Tante-Emma-Läden. Dazwischen der Friedrichstadtpalast. Berliner Ensemble. Metropol. Kabarett. Den Mittelteil der Friedrichstraße, vom Bahnhof bis zur ehemaligen Grenze, erkenne ich dagegen kaum noch. So wie die ganze Partei (von der CDU eingeheimst) ist auch deren Domizil, das Haus der ehemaligen Demokratischen Bauernpartei Deutschlands, spurlos verschwunden. Abgerissen auch der größte Gaststättenkomplex an der Friedrichstraße, das Lindenkorso, in dem früher rund zwei Millionen Gäste im Jahr einkehrten. Und auch die im Volksmund »Usbekischer Bahnhof« genannten Passagen an der Ecke zur Leipziger Straße stehen nicht mehr. Hier sollte nach Honeckers Willen, in Plattenbauweise und mit orientalischen Ornamenten verziert (in ähnlicher Weise hatte man 1966, nach einem Erdbeben, Taschkent wieder aufgebaut) eine sozialistische Wohlstandsmeile mit Geschäften, Restaurants, Klubs der Werktätigen und Wohnungen (Einheitsmiete 1,25 Mark je Quadratmeter) entstehen. 75 Millionen DDR-Mark waren bis zur Wende verbaut. Danach interessierten die Bauten niemanden mehr. Nur um den Boden unter ihnen entbrannte der Kampf zwischen den Reichen dieser Welt. Die Sieger, der Heidelberger Unternehmer Ernst, der französische Baugigant Bouygues und der amerikanische Konzern Tishman-Speyer, bezahlten bis zu 40 000 DM für einen Quadratmeter. Ein Himmel-Hölle-Hüpfspiel meiner Kindheit war etwa anderthalb Quadratmeter groß. Und hätte mich an dieser Stelle 60 000 DM gekostet.

Es sind inzwischen auch kleinere Dinge an der Friedrichstraße spurlos verschwunden. Zum Beispiel die Gedenktafel für die zwei von der SS ermordeten jungen Kriegsverweigerer am S-Bahnhof und die Tafel am Haus Friedrichstraße 91-92, in dem Friedrich Engels während seiner Dienstzeit als Einjahres-Freiwilliger 1841/42 gewohnt hatte. Friedrichstraße 91-92, das sind heute zwei schmalbrüstige Häuser, die Außenwände frisch rot und weiß gestrichen. An der Fassade in großer Schrift: »Die Dussmann Gruppe zieht von München... in die traditionsreiche Friedrichstraße.« Das Unternehmen im internationalen Dienstleistungs-Management baut hinter den zwei Winzlingen ein Haus mit

12 000 Quadratmetern Büro- und Geschäftsräumen. In der wohnzimmergroßen Anmeldung werde ich vertröstet. Ein Termin in der Chefetage in drei bis vier Wochen. Und leider keine Auskünfte über den Umzug. Ich gehe ohne Anmeldung weiter. Klopfe an der erstbesten Bürotür. Frage einen Investmann mit grauem Bart und schwarzen Haaren: »Weshalb von München nach Berlin?« Der Umzug sei für seine Firma mit über dreißigtausend Mitarbeitern in aller Welt, folgerichtig. »Die Friedrichstraße ist künftig das Zentrum von Berlin. Berlin künftig das Zentrum von Deutschland. Und Deutschland künftig das...«, er zögert einen Augenblick, »...Zentrum der Weltwirtschaft.«

Ich frage nach Engels. Er lacht. Der sei noch gut fürs Museum. »Hier wird in zehn Jahren eine Gedenktafel zur Erinnerung an den beispiellosen Umbau dieser Straße hängen.«

Gegenüber, in der Friedrichstraße 173, haben das sowjetische Intourist-Büro und Egypt Air dichtgemacht. Die Dorotheenstädtische Apotheke hingegen ist geöffnet. »Ich habe die frühere Ladenfläche um das Vierfache verringert, so schaffe ich es mit der Miete«, sagt die Apothekerin. Und nun hofft sie auf Kopfweh und Bauchschmerzen der künftigen Beamten. »Aber ob ich finanziell bis zum Regierungsumzug durchhalte? Mercedes und Christ können vorerst ohne Kunden leben, die haben nicht nur dieses eine Geschäft.«

Die Dorotheenstädtische Apotheke ist eines der letzten Namenszeugnisse für das Entstehen der Friedrichstraße. Kurfürstin Dorothea schenkte um 1670 allen, die auf den Äckern der heutigen Friedrichstraße/Unter den Linden siedelten, Bauholz und gewährte Abgabenfreiheit. So entstand die Dorotheenstadt und die Querstraße. Friedrich III., Kurfürst von Brandenburg, ließ weiterbauen und bescheiden umbenennen: aus Dorotheenstadt wurde Friedrichstadt und aus der Querstraße die Friedrichstraße. Soldatenkönig Friedrich Wilhelm änderte zwar die Namen nicht mehr, trieb aber den Bau voran, indem er von den Soldaten alte Häuser schleifen ließ und anschließend für Bauwillige Vergünstigungen versprach.

1990 waren Vergünstigungen für Bauwillige unnötig, denn da verhieß ein Stück Bauland auf der Traummeile Prestige und Profit.

Man schlug sich um jeden Quadratmeter. Erben aus allen Teilen der Welt, zum Beispiel der Johanniterorden und der gräfliche Bleistift-Faber, sogar ein schwarzer Farmer aus Burundi, meldeten Ansprüche an. Auf hundertfünfzig Parzellen der Straße kamen über dreihundert Restitutionsforderungen. Goldgräberzeit für Rechtsanwälte und Bankiers.

Rainer Boldt (46) arbeitet als Filialleiter der Dresdner Bank in der Friedrichstraße 62 (zuvor bulgarische Handelsmission). An den silbernen Garderobenständern hängen, gleich Uniformen in Kasernen, lange schwarze Mäntel, nur lange schwarze Mäntel und gleichfarbige Stockschirme. Rainer Boldt ist Sprecher der Interessengemeinschaft der Gewerbetreibenden in der Friedrichstraße und ein sehr optimistischer Banker. Zuerst Zahlenbeispiele. »Die Passagen, ein 1,5-Milliarden-Projekt. 120 000 Quadratmeter Bruttofläche. Davon 25 000 Quadratmeter Geschäfte, dreimal soviel wie im KaDeWe. Geplant sind Ladenmieten von 200 bis 400 DM, Büros bei 100 DM, Wohnungen um 40 DM pro Quadratmeter... Eine Perspektive wie für sonst kaum eine Straße in Europa.« Ich frage, wer in die über tausend Boutiquen der Extraklasse, wer in die zehntausend Büros einziehen wird. (Schon jetzt verfügt Berlin über mehr als genug freie Büros).

»Wegen des verschobenen Regierungwechsels nach Berlin gerät einiges ins Stocken, aber wenn die Staatsgäste, die Lobbyisten, die Beamten und Abgeordneten erst einmal hier sind... In unserer Friedrichstraße werden alle die einkaufen, und das muß man ehrlich sagen, die etwas anderes suchen, als sie bei Schlecker und Aldi bekommen.« Das sei schon durch die Grundstückspreise vorprogrammiert. »Wenn ich 40 000 pro Quadratmeter bezahle, kann ich das nicht mit T-Shirts für 9,99 DM oder Sozialwohnungen wieder hereinholen.« Lachend und wie nebenbei: »Außerdem müssen auch die Banken irgendwann einmal ihr vorgeschossenes Geld zurückbekommen.«

Sorgen? Nein, lediglich die Bonner 1,3-Milliarden-Pläne zum Bau einer U-Bahn zwischen Alex und Reichstag stören. »Wenn man deswegen die Friedrichstraße wieder aufreißt, das ist, als ob ein Genesender nochmal auf den OP-Tisch geschnallt wird. Außerdem glaube ich nicht, daß Kohl und alle, die dann im

Reichstag zu tun haben, ausgerechnet mit der U-Bahn fahren werden.«

Zu Fuß finde ich auch den neuen Standort des Friedrichstraßen-Antiquariats. Hier kauften zu DDR-Zeiten viele Westdeutsche für ihr Zwangsumtauschgeld preisgünstige Bücher. Der einstmals große Laden ist auf Kinderzimmergröße geschrumpft und von den elf Angestellten ist nur noch Ingrid Blankenburger übriggeblieben. Seit dreißig Jahren in diesem Beruf. Und nun, mit 53, um ihre Zukunft bangend. Gemeinsame Interessen der Gewerbetreibenden dieser Straße? Sie hebt wie beschwörend beide Hände. »Die Leute, die in den Luxustempeln bei Lafayette und anderen einkaufen werden, wühlen nicht auf Büchertischen nach alter Literatur. Vielleicht, daß sie mal ein Buch mit Goldschrift suchen, passend zum Meißner Porzellan. Eine Straße wie diese, ohne Fleischer und ohne Bäcker, ohne Bockwurstbude und Eisstand, das ist keine Straße zum Leben. Über diese Straße wird in fünfzig Jahren kein Schriftsteller wie Döblin schreiben können, weil hier keiner seine Kindheit verbracht haben wird.« Sie erzählt von der Friedrichstraße, als es hier neben Nobelhotels Bierkneipen gab und Künstlercafés neben Humboldts Wohnung. Hier hat Menzel gemalt, Kisch gezecht, Fontane geliebt, Napoleon den Puff besucht, hier wohnten und arbeiteten Kleist, Hufeland, Ludwig Börne, Max Reinhardt... In Rahel Varnhagens Salon trafen sich Fichte, Chamisso, Hegel und Heine. Der schrieb in seinen Briefen aus Berlin: »Wenn man die Friedrichstraße betrachtet, kann man sich die Idee der Unendlichkeit veranschaulichen. Laßt uns hier nicht zu lange stehenbleiben. Hier bekommt man den Schnupfen. Es weht ein fataler Zugwind zwischen dem Halleschen und dem Oranienburger Tor.«

Die Sache mit der Zugluft kann Professor Nalbach erklären. Nalbach (52) ist Österreicher und Architekt und hat mit seiner Frau den Ersten Preis für die Bebauung rund um den Bahnhof Friedrichstraße erhalten. Sein Büro finde ich in einem Steglitzer Hinterhof. »Büros gehören in die Hinterhäuser, aber nicht, wie in der künftigen Friedrichstraße, zu Tausenden an die Straßenfassade. Da knipsen die sparsamen Deutschen abends das Licht aus – und dunkel ist's in der Weltstadt.« Und was die Zugluft beträfe, die

Friedrichstadt sei als ein Areal geradliniger preußischer Ordnung angelegt worden. »Der Schutzmann brauchte sich bloß an eine Ecke zu stellen und sah kilometerweit. Und preußische Gewehrkugeln flogen auch sehr geradeaus.«

Die Preisträger Nalbach, so die Jury, »...zeigen Verständnis und Respekt für die traditionelle Struktur der Friedrichstraße.«

»Heute ist diese Straße allerdings eine Plattform der Eitelkeit geworden«, sagt Nalbach. »Wer hier baut, wird geadelt.« Dem ginge es zwar auch ums Geschäft, vor allem aber um die Anwesenheit. »Mal übertrieben: Es hätte ausgereicht in den alten, noch heute verbindlichen Maßen 22,40 Meter Straßenbreite und 20,20 Meter Traufhöhe, rechts und links vor den alten Gebäuden in der Friedrichstraße Videowände aufzustellen, jeder Firma eine Fläche zu geben, und die Leute wären vorbeidefiliert und hätten mit den Fingern draufgezeigt und gestaunt: Die sind hier und die auch... Die Architekten der Friedrichstraße haben heute die Aufgabe, die in allen Blocks gleichen Büros und Geschäfte verschieden zu verhüllen. Unterschiedliche Verpackung für den gleichen Inhalt. Das ist, als ob ein Designer monatelang an einer Gewehrkugel feilt, um ihr Aussehen zu verändern. Aber eigentlich müßte er das Pulver rausschütten.« Für seinen Entwurf des Büro- und Geschäftshauses am Bahnhof habe er die Kugel wenigstens angebohrt. »Und wenn die vom Bauherrn gewünschten Büros nicht mehr zu vermieten sind, kann ich sie mit wenigen Handgriffen in Wohnungen verwandeln. Und plötzlich werden abends wieder Lichter in der Friedrichstraße brennen.«

Im Norden der Friedrichstraße wohnen etwa viertausend Menschen. In der Geldmeile zwischen Unter den Linden und Leipziger Straße nur noch ein einziger, in der Friedrichstraße 166, schräg gegenüber von der gläsernen Titanic. An seiner Haustür ein altes Schild: »Tanzschule Hadrisch/Metzler«. Im Tanzsaal ein Kohlelofen. Spiegel. Bänke. Alles sehr sauber. Zwei Stockwerke darüber wohnt seit 1976 der Tanzlehrer. Er ist schon 70, aber noch schlank und beweglich. Einer von der alten Schule, wie er sagt, fast vierzig Jahre Berufserfahrung. Aber immer noch nicht auf dem Marktwirtschaftskurs Westberliner Schulen. »Die lassen von einem Assistenten die Schritte zeigen. Wenn's ein Schüler nicht gleich kapiert, kommt er wie bei der Fahrschule noch mal und bezahlt noch mal. Und ich, ich habe immer auf die Hände der jungen Leute geschaut. Wer die Hände naß schwitzt, mit dem habe ich hinterher lange geredet. Einen Kohlenträger hatte ich mal, sein Mädchen war eine von der Bauakademie. Wenn ich den nur anguckte, lief ihm schon der Schweiß... Dem habe ich Selbstbewußtsein beigebracht. Und heute kann der sich mit 'nem Minister oder Professor unterhalten. Und ist immer noch Kohlenträger. Der bringt die Kohlen auch zu mir. Ich muß ja alles mit Kohle heizen, den Saal unten, die Wohnung oben. Eimer für Eimer hochschleppen. Heizer und Reinemachefrau bin ich und Lehrer. Sonst könnt' ich die Tanzschule nicht halten, hier neben den reichsten Leuten von Berlin.«

Und er möchte noch so lange wie möglich in der Friedrichstraße wohnen, beobachten, wenn die ersten Manager, Millionäre und Mätressen in die Luxuswohnungen gegenüber einziehen. »Und ich sitze hier oben auf dem Balkon und will's genießen, wenn unten die Kunden aus aller Welt einkaufen. Und ich nebenan im kleinen Café noch eine Tasse für 1,50 kriege. Was will ich mehr?«

Nebenan in der Friedrichstraße 165 gibt's wirklich noch einen Kaffee für eins fuffzig. Vor dem Haus hängt eine lange gelbe Fahne. Darauf steht in großen Buchstaben »Haus der Demokratie. Seit 1989 Zentrum der Bürgerbewegung. Ort der Begegnung zwischen Ost und West.« Auf der Tafel im Eingang über fünfzig Vereine, Organisationen und Bewegungen, die hier Asyl gefunden haben oder (fast) Hausherren sind: Anti-Atom-Laden, Nichtraucherbund, Anti-Tunnel-GmbH, Weibblick, Neues Forum, Böll-Stiftung... Vorerst könnten sie aufatmen, erzählt Erhard Otto Müller, der »Intendant« des Hauses. Das Haus hätte zusammen mit jenen Immobilien, die erst einige Wochen nach Gründung der DDR enteignet worden wären, auf der Liste 3 gestanden. Doch nun sei entschieden, daß die Enteignung rechtens gewesen wäre. »Und die Straße des Großkapitals wird sich damit abfinden müssen, daß ein unruhiges Haus der Demokratie mittendrin steht. Und wir werden es lernen müssen, Demokratie zu vermarkten, will sagen, es muß Leute geben, die Seidenkrawatten verkaufen und andere, die Demokratie verkaufen. Wir wollen das Augenzwinkern der Friedrichstraße bleiben.«

Kein Augenzwinkern vor der Nobelabsteige der Friedrichstraße, dem Grand-Hotel. Die Prostituierten, Seismographen für den Gang der Geschäfte, sind schon vor zwei Jahren aus der Gegend verschwunden. Ein Zimmer im Hotel kostet um die 400 DM, die Schinkel-Suite 3 400. Mitten in der Hotelhalle thront eine imposante Freitreppe, drumherum wie Ränge im Theater die Zugänge zu den Suiten, Swimmingpool und Restaurants. Gediegene, nicht protzige Innenarchitektur. Im Zimmer eine frische Orchidee, als Symbolblume des Hauses findet sie sich auch auf Kacheln und Handtüchern.

Ich laufe stundenlang durch die Hotelräume, möchte die Einmaligkeit für mich genießen. Erst spät nach Mitternacht trinke ich mit einem jungen Mann, der den Abend lang von Tisch zu Tisch gewechselt war, einen Wodka. Mir hätte er angesehen, sagt er lächelnd, daß ich kein potentieller Kunde für ihn sei. Nach dem dritten Glas stellt er sich vor: Klaus Landauer. Er würde im Maklerauftrag Büros in der Friedrichstraße verkaufen. Und zwar billiger als sie offiziell gehandelt würden. Von den geplanten 100 DM wäre man inzwischen bei 60 DM angekommen. Er würde Kunden aber schon auf eine 40-DM-Warteliste setzen können. Ich frage ihn nach Wohnungen. Für einen Single etwa 3 000 DM...

Am nächsten Tag endet mein Berlin-Aufenthalt. Ich laufe noch einmal über die Weidendammer Brücke in den Norden der Friedrichstraße, schaue mir mein Zimmer im »Amadeus« von draußen an und fahre dann zum früher in Westberlin gelegenen Südteil der Friedrichstraße: Checkpoint Charlie bis Mehringplatz. Kleine Geschäfte wie im Norden, aber sauberer, langweiliger. Arbeitsamt. Polizeirevier. Und häßliche Neubauten aus den siebziger Jahren gegen die Honeckers »Usbekischer Bahnhof« ein architektonisches Juwel war. An einem Rondell gelb-brauner Sozialwohnungen endet die berühmte Straße. Eingeengt, ohne Anbindung ins südliche Kreuzberg.

Abreißen müßte man, denke ich. Aber nirgends eine Baustelle, nicht mal ein offenes Gullyloch. Kein Vergleich mit der Mitte und dem Norden. Nur Hunde samt Herrchen gibt es hier genausoviel, wenn nicht noch mehr als im Norden. Ich frage einen älteren Mann mit Pudel, ob es nicht an der Zeit wäre, die Friedrichstraße auch in Kreuzberg umzukrempeln. Er schaut mich empört an. Weshalb umkrempeln? Vierzig Jahre sei es gut gewesen, und sie hätten nicht vierzig Jahre Mißwirtschaft hinter sich, wie die im Osten. Ich sage, daß es wirtschaftlich vorteilhaft wäre, wenn sich auch hier Banken, Luxuskaufhäuser und Bürocenter ansiedeln könnten. Er greift sich an den Kopf. »Vorteilhaft? Diese Riesenklötze? Vorteilhaft, für wen denn?« Ob ich in der Mitte der Friedrichstraße auch nur einen einzigen Menschen gesehen hätte, der dort mit seinem Hund Gassi geht. »Gibt es zwischen den Neubauten der berühmten Architekten überhaupt Bäume, an die ein Hund pinkeln kann?«

»Ich weiß nicht«, sage ich, »ob Hundepinkelbäume eingeplant sind.«

»Na also«, erwidert der Mann triumphierend.

Der sterbende Schwan in der Elsteraue

Das Schloß, aus roten Klinkersteinen gemauert und mit grauen Putzbändern geschmückt, steht zu beiden Seiten der Weißen Elster in Leipzig-Plagwitz und wird begrenzt vom Karl-Heine-Kanal, der eigentlich schon vor hundert Jahren Plagwitz mit Hamburg verbinden sollte, es aber immer noch nicht tut. Efeu rankt an den Mauern, Moos bedeckt die wassernahen Putzbänder. Die vier- und fünfgeschossigen Gebäude sind mit kunstvoll geschmiedeten Maueranker und Türklinken verziert. Und mit Kuppel und Türmchen, auf denen wie in Florenz Hunderte von Tauben sitzen. An der etwa dreihundert Meter langen Fassade bröckelt der frühere Name des Schlosses: »VEB Leipziger Wollgarnfabrik« (von 1887 bis 1952: »Sächsische Wollgarnfabrik Tittel & Krüger-AG« und nach 1967: »VEB Buntgarnwerke Leipzig«). Daneben, in Stein gehauen, das historische Firmenwappen: ein Schwan im Dreieck. Ich erinnere mich, daß meine Mutter nach dem Krieg einen Bund dieser Schwanenwolle erhamstert und mir warme Socken davon gestrickt hatte.

Damals war das Fabrikschloß noch nicht verwunschen. Aber inzwischen sind die vielen hundert, paarweise durch neobarocke Wimpernbögen verbundenen Fensteraugen der Wollgarnfabrik grau und erblindet. Manche eingeschlagen, andere mit Augenklappen aus Pappe oder Plaste verdeckt, und aus einigen ragen dicke kurze Rohre, Saugrüsseln ähnlich. Wie bei Insekten, die sie vor dem Präparieren nicht mehr einziehen konnten.

Neben dem weit geöffneten, eisernen Eingangstor steht das verschlossene Pförtnerhaus. Ohne Pförtner. Nur Schilder informieren und verbieten: »Feuerlöscher außer Betrieb!« – »Schmidt Immobilien GmbH« – »Beim Schleifen Schutzbrille tragen!« – »BUGA Partners Verwaltungs GmbH« – »Fegt Aschespuren, Sand und Dreck des vergangenen Winters weg!« – »Privatgelände! Betreten verboten!« Mit Kreide an den Türen: »Achtung! Neue Schlüssel!«

Und immer wieder: »Rückwärts fahren ohne Einweiser streng verboten!« Es regnet. Ich laufe die gespenstisch menschenleeren Straßen des Fabrikschlosses dicht an den Wänden entlang, aber die vorstehenden Dachrinnen beschirmen mich nicht. Löchrig wie Siebe oder verbogen wie modernistische Kunstgebilde lassen sie den Regen als Duschbad oder Sturzbach die wunden Wände hinunterlaufen. Auf der gegenüberliegenden Seite der Nonnenstraße sind die roten Klinker, die grauen Putzbänder, die Fenster und Dachrinnen schon repariert oder übertüncht. Und an der erneuerten Fassade prangt das frisch gemalte Wappen. Nun kein Schwan mehr, sondern eine Elster. Ich vermute: »Elsterwolle« statt »Schwanenwolle« und befrage einen alten Mann, der in Gummistiefeln und Regenmantel einen großen Korb Boskopäpfel aus seinem Garten nach Hause schleppt. Er lacht bitterböse. »Über hundert Jahre wurden an der Nonnenstraße Garne und Wolle gesponnen, zu DDR-Zeiten produzierten fast zweitausend Beschäftigte täglich über zehn Tonnen. Doch 1992 sind der Schwan samt Wolle für immer den Bach hinuntergeschwommen. Und der Schwanennachfolger, die Elster, ist ein diebischer, freßgieriger Vogel, das Symbol für den...«, er buchstabiert die neue Schrift auf der Fassade, »Elster Business Park«. Eingenistet hätte sich dort unter anderem das Leipziger Finanzamt.

Ich erkundige mich, wo ich Leute finde, die in den Buntgarnwerken, dem Fabrikschloß der Gründerzeit (Experten bezeichnen es als eines der größten deutschen Industriedenkmäler), gearbeitet haben.

»Vielleicht in den Kneipen, in denen sie früher bei Bier und Bockwurst gesessen haben, zum Beispiel im ›Fortschritt‹ in der Karl-Heine-Straße.«

»Fortschritt« klingt gut, denke ich und finde zuerst das Straßen-Namensschild: »Karl Heine (1819-1888)«. Der Rechtsanwalt Dr. Ernst Karl Erdmann Heine, 1819 in Leipzig geboren und 1888 ebenfalls in Leipzig gestorben, hatte um 1850 bei der Stadt die Genehmigung zum Bau einer »Manufactur und Fabrique« beantragt. Doch die Stadtväter befürchteten Schmutz und Lärm für die Messegäste und verweigerten das Papierchen. Da kaufte Heine 1854 außerhalb von Leipzig im Dorf Plagwitz mit seinen damals nicht einmal fünfhundert Einwohnern reichlich Grund und Boden, ließ Feuchtwiesen trockenlegen, Brücken über die Elster bauen, errichtete eine Schmiede und eine Ziegelei, begann den unvollendeten Kanal zu graben und überredete 1863 den Patentbesitzer für die Produktion von Pflügen, den Unternehmer Rudolf Sack, in Plagwitz einen Betrieb zu eröffnen (später eine Weltfirma für landwirtschaftliche Geräte). 1869 übersiedelte Karl Ernst Mey, der zwei Jahre zuvor das amerikanische Patent für Papierkragen und -manschetten gekauft hatte, von Paris nach Plagwitz (als Firma »Mey & Edlich« um 1900 der Welt größtes Versandhaus). Und 1875 bauten »Tittel & Krüger« in der Nonnenstraße eine Dampffärberei für Wollgarn. Schließlich ließ Karl Heine den städtischen Wald, der Plagwitz noch von Leipzig trennte, in einer Nacht illegal abholzen. Er zahlte dafür dreißig Taler Strafe an die Stadt, aber 1891, drei Jahre nach seinem Tod, wurde das Industrieviertel Plagwitz mit inzwischen fast hundert Fabriken, sechstausend Beschäftigten und fünfzehntausend Einwohnern der Messestadt per Ratsbeschluß zugeschlagen. Dem Industriegründer Heine errichtete man 1896 ein lebensgroßes Denkmal. Leider aus Bronze. Zusammen mit Kirchenglocken wurde es im Zweiten Weltkrieg eingeschmolzen. Heute existieren nur noch der Sockel und das Namensschild der Straße, die ich vergeblich hin- und herlaufe, um den »Fortschritt« zu finden, jene Kneipe, in der seinerzeit die Arbeiter der Buntgarnwerke einkehrten.

Der »Fortschritt«, erklärt ein Passant, sei nach der Wende geschlossen und statt seiner der Glücksspielsalon »silver time« eröffnet worden.

Beim zweiten Versuch, das Innere des Fabrikschlosses aus Karl Heines Gründerzeit zu erkunden, habe ich Glück. Ich entdecke neben einer Laderampe ein unverschlossenes Tor, tappe durch den dunklen Gerümpelkeller, und da alle Betriebsgebäude – auch die am anderen Ufer der Elster gelegenen – durch Brücken oder Übergänge miteinander verbunden sind, kann ich eine gute Stunde treppauf, treppab durch fußballfeldgroße leere Hallen laufen. Hunderte schlanke, achteckige Säulen stützen die Decken. Eine schöne schlichte Architektur. Leider nur ein Skelett. Werkstätten mit Waschpaste, vergessenen Brotbüchsen, verrosteten Schrauben und Kalenderblättern voller barbusiger Mädchen (die letzten vom Januar 1992) und Wagen mit leeren Garnhülsen erinnern an die Arbeit. Im Treppenhaus des Mittelbaus hängt ein Schaukasten mit alten Bekanntmachungen: »Gesamtbetriebsvereinbarung Abfindungen. Nach dem dritten Jahr Betriebszugehörigkeit jährlich 1 Punkt. 1 Punkt = 200 DM. Geschäftsführer Schmidt. Leipzig, den 22. Juli 1991«.

Der siebenundfünfzigjährige Hartmut Schmidt sitzt heute im Verwaltungsbau einige Türen weiter hinten, dort wo am marmorgefliesten Aufgang ein runder Tisch und sechs Ledersessel für die Besucher stehen. Die Besucher wollen bei Hartmut Schmidt Wohnungen kaufen oder mieten. Der frühere Geschäftsführer ist Makler geworden. »Die Treuhand hatte mir und dem zweiten Geschäftsführer für die Unterstützung bei der Privatisierung einen Job im künftigen Betrieb versprochen.« Einen künftigen Betrieb gibt es nicht, nur die »BUGA Partners Verwaltungs GmbH«. Die hat den Betrieb mit insgesamt 100 000 Quadratmeter Grund und Boden gekauft und vermarktet ihn, das heißt, sie baut Wohnungen und Büroräume auf den Nebenflächen und will das denkmalgeschützte Fabrikschloß-Ensemble in Supermarkt, Hotel und Freizeitcenter verwandeln.

Die ersten hundertvierundvierzig neuen Wohnungen vermietet Herr Schmidt. Für ein langes Gespräch zur Geschichte der Buntgarnwerke, in denen der Textilingenieur über dreißig Jahre gearbeitet hat, findet er keine Zeit. Nur ein paar karge Informationen über das Ende: »Die Fabrik war für heutige Verhältnisse zu groß und einige Maschinen waren zu alt. Aber zusammen mit einem Berater aus dem Münsteraner Raum hatten wir ein wirtschaftliches Konzept erarbeitet. Doch die Treuhand lehnte ab. Sie konnte nicht die Produktion – den westdeutschen Textilbetrieben steht das Wasser selber bis zum Halse – sondern nur die Immobilie und diverse Grundstücke verkaufen. An unseren Spinnmaschinen arbeiten jetzt Frauen in Tschechien, Polen, China...«

Ein neuer Wohnungsinteressent kommt. 1 200 DM Miete. Tendenz steigend. »Ist natürlich nichts für Arbeitslose aus den Buntgarnwerken.«

Hartmut Schmidt schickt mich zu Bernd Busch, Ruth Falke und Karl Heinz Mißler, die hätten lange im Betrieb gearbeitet. Und im Büro des neuen Geschäftsführers müßten noch Brigadebücher und die Chronik liegen. Der neue Geschäftsführer ist zweiunddreißig, studierter Betriebswirt, freundlich und hilfsbereit, aber aus Hamburg und weiß deshalb nichts über Betriebschroniken und Brigadetagebücher. Er sucht ziellos in den Ablageschränken. Ich sage ihm, daß er nach roten Schmuckmappen schauen muß...

Aus dem Brigadebuch der Spinnerei: »Große Freude herrscht bei all unseren Kolleginnen, die ab 1. Mai 1977 in den Genuß der sozialpolitischen Maßnahmen kommen. Für alle Kolleginnen mit zwei Kindern nur noch 40 Arbeitsstunden. Alleinstehende über 40 Jahre erhalten einen Haushaltstag. Wir werden diese Vergünstigungen mit dem Bestreben um eine höchstmögliche Planerfüllung beantworten.« – »Unser Kampfprogramm: Energieeinsparung durch Abschalten der Absaugmotoren während der Pause und Abschalten der Beleuchtung über nicht genutzten Flächen...« – »Am 23. März 1982 fand im Klubhaus die musikalisch-literarische Veranstaltung unter dem Motto ›Ein Nachmittag bei Goethe‹ mit Nationalpreisträger Günter Grabbert statt. In netter Form wurde uns Goethe näher gebracht...«

Über die bekannte Leipziger Schriftstellerin Gerdi Tetzner lese ich im Brigadetagebuch nichts. Sie hatte 1977 fast ein halbes Jahr in der Ringspinnerei gearbeitet. Allerdings nicht, um »ihre Verbindung zur Arbeiterklasse zu vertiefen« und auch nicht, um einen sozialistischen Produktionsroman zu schreiben, sondern um Geld zu verdienen. Ein Reportagebuch, in dem sie an der kooperativen Entwicklung der DDR-Landwirtschaft gezweifelt hatte, war nicht erschienen, außerdem hatte sie den Aufruf gegen Biermanns Ausbürgerung unterschrieben. »In unserem Haus wohnt eine Polin, die hat mich dann in die Spinnerei mitgenommen. Drei Schichten. Nach Mitternacht war's am schlimmsten. Zuerst mußte ich Garn aufstecken und die Maschinen putzen. Es war Sommer, die Klimaanlage gerade rausgerissen und verscherbelt. Mittags über vierzig Grad. Das synthetische Garn verformte sich, riß. Und außer einer halben Stunde Pause immer auf den Beinen. Nach

Feierabend spürte ich meine Beine nicht mehr. Ich war damals schon über vierzig. Gewöhnlich standen die Frauen über vierzig nicht mehr an der Maschine, sondern sortierten im Lager die Baumwolle.« Nach fünf Monaten hatten Leipziger Maler und Schriftsteller soviel Geld gesammelt, daß Gerti Tetzner auch ohne den Spinnereilohn wieder leben und schreiben konnte. Sie schaut nicht im Zorn zurück. »Ich habe mir damals bewiesen, daß ich jederzeit bei Null anfangen kann, nicht abhängig bin. Außerdem lernte ich lebenstüchtige, bauernschlaue Leute kennen...«

Vielleicht auch Bernd Busch, der 1924 in Plagwitz am Kanal geboren wurde und heute immer noch in einer der Werkswohnungen gegenüber der Spinnerei zu Hause ist. Als Achtjähriger hatte er 1932 zusammen mit seinem Vater vor dem »Tittel & Krüger«-Betriebstor gestanden. Die Textilarbeiter streikten um einige Pfennige Lohnerhöhung, und die Unternehmer setzten Streikbrecher ein. »Wir verteilten Flugblätter, beschimpften und bespuckten diese Verräter... 1957, ich war inzwischen in der Personalabteilung des volkseigenen Betriebes, gratulierte ich einigen von ihnen mit Blumen und Urkunden zu ihrem fünfundzwanzigjährigen Betriebsjubiläum.«

1948 kam Bernd Busch zu »Tittel & Krüger«. Damals wurde auf dem Leipziger Schwarzmarkt mit Schwanenwolle en gros gehandelt. Die Landesregierung schickte eine Kontrollkommission. Sie fand nichts. Da wurde eine zweite geschickt. Zwanzig »Experten«. Und die entlarvte die alten Chefs als »Wirtschaftsspione«. Vier wurden verhaftet, zwei davon verurteilt, einer freigelassen und einer erhängte sich. »Mich setzte man als Treuhänder ein. Und die Treuhand schärfte mir ein, daß es nicht im Sinne der Arbeiter ist, wenn ein Privatbetrieb Gewinn für die Kapitalisten erwirtschaftet. Im Klartext: Miese machen! Die runtergewirtschafteten Verlustbetriebe – Frau Breuel mußte überhaupt nichts Neues erfinden – konnte man dann enteignen und in Volkseigentum umwandeln.« Das geschah im Oktober 1952. Zu der Zeit hatte Bernd Busch schon das Kulturhaus der Textilarbeiter gegründet und wurde dessen Leiter.

Früher stand das Kulturhaus Mauer an Mauer mit dem Betrieb. Heute hat es sich wie ein abgedriftetes Rettungsboot an die hundert Meter entfernt. Dazwischen offenes Feld. Hier war nach der Wende die neugebaute Färberei als erster Teil der Buntgarnwerke abgerissen worden. Die Betriebsgeschichte endete, wie sie 1875 begonnen hatte: mit der Färberei. Damals hatten »Tittel & Krüger« eine Dampffärberei errichtet. Die Frauen wuschen die Wolle mit der Hand in der Elster. Wichtigstes Produkt, das die Firma reich machte: Tapisseriewaren. Bunte Stickereien auf Geweben mit regelmäßigen viereckigen Löchern, Kissen-, Tisch- und Stuhlzierat für die gute Stube. Die Firma vergrößerte sich. Von 1879 bis 1923 entstand das heutige Industriedenkmal mit der historischen Backsteinarchitektur, der neobarocken Kolossalarchitektur der Kaiserzeit und der modernen Stahlbetonarchitektur des Jugendstils. Auch die Anzahl der Beschäftigten und die Gewinne vergrößerten sich. 1887 noch 542 Beschäftigte, 1911 schon zweitausend. 1901 rund zwölf Millionen Mark Umsatz, 1938 über fünfundzwanzig Millionen RM, davon 1,4 Millionen RM Reingewinn. Gute Geschäfte mit Uniformgarnen.

Nach dem Krieg verschwanden Aktien im Wert von einer halben Million und das geschützte Schwanenmarkenzeichen nach Hamburg-Bahrenfeld in die Sternwollspinnerei. Die Plagwitzer produzierten ohne Signet und versuchten, aus Zellulose und russischen Baumwollabfällen Strickgarne zu spinnen.

Damals hat Ruth Franke schon in der Wollgarnfabrik gearbeitet. Zu Hause sechs Geschwister, vier noch schulpflichtig. Mit fünfzehn schickte die Mutter die schmächtige Ruth in die Garnspinnerei. Ihr erster Arbeitstag: der 11. November 1946. »Wolle konnte ich keine klauen, mein Onkel war im Betriebsrat. Aber die Fabrik hat unserer Familie – der Vater starb bald nach dem Kriegsende – das Überleben erleichtert.«

Am 1. Oktober 1990, nach vierundvierzig Arbeitsjahren und zwei Tage vor der Wiedervereinigung, wurde die Meisterin Ruth Falke in den Vorruhestand geschickt. »Für mich wie eine Entlassung.

Die Kolleginnen schenkten mir eine Palme und eine Keramikschale zum Abschied; am Ende der Spätschicht war's, vor der Nachtschicht.« Sie kramt die Schale aus dem Schrank und Mappen mit Zeitungsartikeln und Fotos. Sie als Einundzwanzigjährige in festlich weißer Bluse. »Erste Aktivistin 1952« und »Die erste Spinnerin, die drei Seiten bedient, dreimal 204 Spindeln.«

Vom Stubenfenster aus sieht sie die Fensteraugen in der Ringspinnerei. »Stundenlang habe ich nach der Entlassung hier gesessen und hinübergeschaut. An alles dachten wir bei den Montagsdemos, aber niemand konnte sich vorstellen, daß wir irgendwann aufhören würden, Garn zu spinnen. Jahrzehntelang Sonderschichten, Sonnabendarbeit und ausländische Arbeiter. Zuerst die Polinnen, dann die Kubanerinnen, Mocambiquanerinnen und zuletzt die Vietnamesinnen. Die arbeiteten noch, als ich schon am Fenster saß. Dann gingen auch die zum letztenmal durchs Tor. Und als die Maschinen weggefahren wurden, habe ich schon nicht mehr zuschauen können.«

Seitdem war sie nur noch einmal in den leeren Hallen. Ich bitte sie, mir das verwunschene Fabrikschloß trotzdem zu zeigen. Sie überlegt sehr lange. Dann kämmt sie sich sorgfältig die Haare, cremt das Gesicht ein und schminkt sich die Lippen. Sie will durch die gewohnte Eingangstür ins Fabrikgebäude hineingehen, doch die ist verschlossen. Ich zeige ihr das offene Tor neben der Laderampe. Über das Gerümpel hinauf zur ersten Halle. »Hier war die Packerei. Schufterei, aber nicht so laut wie bei uns, die konnten sich noch unterhalten.« Bierbüchsen zuhauf, Wodkapreise an der Wand. »Nächtelang dröhnte die Disko in der leeren Fabrik.« Wir steigen Treppen mit vielfach übermalten grün-grau-blauen Ölsockeln zur Zwirnerei hinauf. Dort liegen, wie auf einer Müllhalde, die Reste von Ausstellungen, Performances und Sessions, die in den Hallen stattfanden, als die Maschinen draußen waren. Zwischen Pappen, Pinseln, Blechen, Spraydosen und verschimmelten Speiseresten die Programmhefte eines hiesigen Theaters: »Kurze Komödie vom Überleben.«

»Auch sogenannte Künstler sind manchmal Schweine«, sagt die Spinnerin. Danach schweigt sie lange. Das Warnschild: »Klimatisierter Raum! Tür schließen!« Dahinter ihre Spinnerei. Sie zuckt nicht wie ich zusammen, als Tauben aufflattern. »Die waren schon früher hier. Zum Subbotnik haben wir den Taubenmist immer aus den Fenstern gekratzt.« Doch tote Tauben wie jetzt, hätten hier natürlich nie herumgelegen. Ihr Meisterzimmer ist leer. Schöne

Aussicht auf die Elster. »Manchmal haben wir unten die Ratten beobachtet.« Dann zeigt sie mir den großen Pausenraum. An der Wand noch die Spirale des zerschlagenen Wasserkochers, vom Fünf-Meter-Blumenfenster nur vertrocknete Blätter. Sie flieht zur Mitte der leeren Halle, rennt an einer imaginären Maschine entlang, prüft den Fadenlauf, zeigt mir, wie man die rasenden Spindeln mit der Kniebremse stoppt, wenn der Faden gerissen ist. »Am meisten rissen die 20:80 Partien – 20 Prozent Baumwolle und 80 Prozent Poly – oder umgekehrt, ich weiß es schon nicht mehr. Also das Garn für die NVA-Uniformen.« Laut geworden sei sie wegen der Fadenrisse nie. »Aber wenn eine Kollegin die Maschine nicht ordentlich putzte – ich hatte einen Putzfimmel –, schrie ich schon mal. Die Kolleginnen würden heute grinsen, wenn sie wüßten, daß ich jeden Morgen für paar Stunden zu Karstadt fahre und im Kaufhaus saubermache.« Die Rente reiche nicht für Miete, Strom, Kleidung und Essen. Von acht Kolleginnen, mit denen sie sich regelmäßig noch zum Kaffee träfe, hätte nur die jüngste Meisterin wieder eine Anstellung erhalten. »Sie reinigt auf dem Bahnhof die Waggons.«

Ruth Falke geht zu den Fenstern mit den Saugrüsseln. »Das sind die Lüfter der Klimaanlagen, die fast nie funktionierten.« Ich merke, daß sie genug hat, wieder raus will. In einem Schrank findet sie eine kleine runde Batterie. Sie lächelt, sagt, als wolle sie sich ablenken: »Meine Uhr zu Hause steht« und steckt die Batterie ein. »Das erste, was ich aus dem Betrieb mitnehme. Und das letzte.« Sie verabschiedet sich. Muß zum Arzt. Kaputter Rücken und chronische Sehnenscheidenentzündung. Wie viele aus der Spinnerei.

Am späten Nachmittag klingele ich beim ehemaligen Technischen Direktor, Karl Heinz Mißler. Er wohnt am Südeingang, nur durch den Fluß vom Betrieb getrennt. Die Wohnung steht voller Kisten. Umzug. Auf den Tag genau nach vierzig Jahren (die Zeit als er in Ceylon eine Spinnerei aufbaute eingerechnet) zieht er aus. Nein, in keine der neuen Plagwitzer Wohnungen, sondern nach Rückmarsdorf. »Weg von Plagwitz, in dem die alten, weltbekannten Firmen, die Landmaschinenwerke von Rudolf Sack, die Produktion von ›May & Edlich‹ an der Nonnenstraße und all die anderen der Gründerzeit sterben.« Er führt mich in sein

Schlafzimmer, öffnet das Fenster. Den Anblick kenne ich: Efeu und Moos, bröckelnde Wände, zerschlagene Fensteraugen. »Ich habe nachts im Schlaf gehört, wenn eine Spinnmaschine kaputt war oder die Wasseraufbereitungsanlage nicht rund lief. Da bin ich aufgestanden und hinüber in den Betrieb gegangen. Jahrzehntelang. Und nun soll ich mir bis zum Lebensende mit ansehen müssen, wie alles verrottet? Lieber zieh ich weg. Ich will endlich frühmorgens wieder das Fenster aufmachen können.«

In der Dunkelheit laufe ich noch einmal am Fluß entlang. Kein Licht brennt im Schloß. An der Brücke ein Menschenauflauf. Junge Leute verladen Kisten auf einen LKW. In den Kisten flattern aufgeregt große weiße Schwäne.»Wir bringen sie vor dem Winter in ein festes Haus.« – Damit sie nicht erfrieren, die Schwäne aus der Elsteraue.

Die Kalikarawane

Als alle im Bus sitzen, nimmt der schnauzbärtige, beschlipste Fahrer das Mikrofon und hält die erste Rede dieses Freitags. »Liebe Reisegäste, ich heiße Albrecht Hahnemann und begrüße Sie recht herzlich zu unserer Fahrt nach Bonn... Bei euch geht es heute ja um sehr viel, um eure Arbeit... Unterwegs werden Sie durch eine wunderschöne Landschaft fahren... Und viele von euch sind schon in meinem Alter, wo es schwer ist, eine neue Arbeit zu finden... Ich wünsche Ihnen und mir eine angenehme Reise... Und natürlich habe ich für euch reichlich Bier und auch Kümmerling an Bord.« Beifall.

Ein junger Mann kommt zu spät, sucht noch einen Platz, sagt: »Wenn nichts mehr frei ist, fahre ich eben runter zur Arbeit in unsere Grube.« Stille. Keiner lacht. Es ist 5.30 Uhr. Einfahrzeit. Mit Geleucht, Helm und Grubenrettungsmaske stehen sie sonst um diese Zeit auf der Hängebühne, warten auf einen der stählernen Käfigkörbe, der sie hinunterbefördert in die Tiefe der weißen Kaliwelt. Aber heute dreht sich nicht ein Rad. Keine Einfahrts- dafür aber Abfahrtszeit. In mehr als zwanzig Bussen fahren 1 500 Kumpels aus dem südthüringischen Merkers und dem nordthüringischen Bischofferode nach Bonn.

Am Abend zuvor hatte ich in Dermbach bei einem mir noch unbekannten Kalikumpel unangemeldet an der Tür geläutet. Eine Frau öffnete und guckte, als wolle sie im nächsten Moment die Tür wieder zuschlagen. Ich redete wie ein Wasserfall, bis der Mann gerufen wurde und ich ihm erklären konnte, daß ich am Morgen mit nach Bonn möchte und ob ich, falls auch er mitwolle, bei ihm übernachten könne. »Das Kinderzimmer ist frei«, sagte er. Später bei Bier, Brot und Hausmacherwurst entschuldigte sich die Frau für den unfreundlichen Empfang. Doch es trieben sich jetzt überall Vertreter und anderes Gesindel herum.

Der Mann, Franz Beier, wird im Juni fünfzig und ist dann dreißig Jahre unten in der Grube. »Falls wir im Juni noch arbeiten. Ich bin zwar im Betriebsrat, hätte also was ahnen müssen, aber keiner von uns hat bis zur Fusion mit dem West-Kalikonzern geglaubt, daß unsere Grube in Merkers und die Fabrik dicht gemacht werden könnten. Erst noch die neue Granulatanlage in der Fabrik gebaut, und in der Grube für Millionen Westmark neue Lüfter eingesetzt...

Wahrscheinlich wollten sie uns damit nur täuschen und beruhigen, um ein Werk nach dem anderen in Thüringen schließen zu können.«

Kurz nach vier weckt mich Franz Beier. Im alten Küchenherd brennt schon ein Holzfeuer. Die Frau hat meine Schuhe zum Anwärmen danebengestellt. Und auf dem Tisch liegen in Pergamentpapier eingewickelte Frühstücksbrote für mich. Halb fünf wird der Mann unruhig. Um diese Zeit rennt er sonst zum Zug. Gegessen und getrunken hat er nicht. »Den ersten Bissen gibt es immer erst unten in der Grube.«

Wir nehmen noch einen Kumpel mit und fahren dann in Richtung Merkers. Kaum Verkehr. Erst als wir auf die Ausfallstraße nach Hessen kommen, blenden uns die Lichter einer schier endlosen Autoschlange. Alle fahren von Thüringen nach Hessen.

Vor dem Merkerser Werktor finde ich mühsam in einem der Busse neben einem Mann mit einem blauen Anorak, dunkler Vollbart, braune dicke Hornbrille, noch einen freien Sitzplatz. Rechts von mir sitzt einer mit Pullover und grauem Bart und neben dem einer mit Schlips und im Fischgrätenmuster-Anzug. Der Anzugmensch redet als einziger laut wie ein Marktschreier, schimpft, daß »Honecker mein Geld in Chile verpraßt« und daß »die Stasischweine immer noch nicht alle arbeitslos sind.« Von außen kleben Kumpels Spruchbänder an den Bus: »Unser Kali – Brot für die Welt und Arbeit für uns.«

Abfahrt. Nach hundert Metern erzählt der Busfahrer den ersten Witz. »Also: Ein piekfeiner Mercedes-Busfahrer aus Kassel und ein ölverschmierter Ikarus-Busfahrer aus Eisenach stehen vor dem Himmelstor. Petrus läßt den Ikarusfahrer in den Himmel und schickt den Mercedes-Kutscher in die Hölle. Da schreit der aus Kassel: Dieses Dreckschwein aus dem Osten in den Himmel, und weshalb ich in die Hölle? Da sagt Petrus: Weil du, mein Sohn, ja schon auf Erden den Himmel hattest.«

Die ehemalige Grenze bei Vacha. Der alte Grenzwachturm ist inzwischen zur Litfaßsäule für die Spray-Gefechte linker und rechter Extremisten umfunktioniert worden. Der erste hessische Ort Philippsthal, das der »Kali und Salz AG« gehörende Kaliwerk Hattorf. Die Förderräder im Turm drehen sich. »Diese Verbrecher! Uns abmurksen, um selbst zu überleben!« schreit der mit dem fischgrätengemusterten Anzug. Fäuste und Flüche überall im Bus. »Erst uns entlassen und danach unser Salz holen wollen!« – »Von außen schön lackiert, ihre Scheißfabrik, aber innen auch nur eine Rostbude, ich habe es selber gesehen!«

Neben mir der mit der Hornbrille schweigt.

Nach den Flüchen wird es sehr still im Bus. Nur das Radio dudelt. Es ist die Zeit, während der sie im Mannschaftswagen unter Tage dösend zu ihren Abbaustrecken fahren. Manche mehr als zehn Kilometer. Ich habe also Zeit, die ökonomischen Hintergründe dieser Fahrt nach Bonn im Kopf zu sortieren.

Bis zum Mauerfall waren die BASF-Tochter »Kali und Salz AG« – nach 1971 der einzige westdeutsche Kaliproduzent – und die DDR-Kali-Industrie erbitterte Konkurrenten auf dem Weltmarkt. Ein Beispiel dafür: Obwohl Regierung, Presse und Kalikonzerne der BRD und der DDR immer wieder verlangten, endlich die Werra zu entsalzen, war die »Kali und Salz AG« nur unter der Voraussetzung bereit, »die Aufbereitungsverfahren an die DDR zu geben, wenn die östlichen Vertragspartner keine durch die neue Technik entstehenden Kaliprodukte auf den Weltmärkten anbieten und somit nicht die Existenz des Technologielieferanten aus dem Westen gefährden.« (Weserkurier vom 26. Januar 1988). Damals exportierte die ostdeutsche Kali-Industrie fast noch doppelt so viel wie die »Kali und Salz AG«, davon sechzig Prozent in kapitalistische Länder. Bis 1990 gelang es den Westdeutschen nicht, die DDR von der dritten Stelle auf dem Weltmarkt zu verdrängen. Aber was bis zum Herbst 1989 ein gut gehütetes Geheimnis für die Westkonkurrenz war, änderte sich mit dem Fall der Mauer. Nur drei Tage danach, am 14. November 1989, fuhren die ersten freundlichen »Berater« des westdeutschen Kalikonzerns bei ihren ehemaligen Erzkonkurrenten an der Werra in die Gruben ein, begutachteten später auch die Bücher, die Produktions- und

Effektivitätskennziffern. Und rieten unter dem Deckmantel der Umweltentlastung ausgerechnet dazu, auf das einzige in Preis und Nachfrage ständig steigende Kaliprodukt, auf die Produktion des Kaliumsulfats, an der Werra zu verzichten. Vertraglich geregelt wurde, daß die Marktanteile der Ostdeutschen an diesem Produkt von der »Kali und Salz AG« (sie hält vierzig Prozent des Weltmarktanteils bei Kalisulfat) mit beliefert werden. Anschließend verordnete man der ostdeutschen Kali-Industrie, allen marktwirtschaftlichen Prinzipien hohnsprechend, ein Ausfuhrverbot ihrer Produkte in alle alten Bundesländer. (Wir hatten schließlich auch genügend Butter, Milch und Quark in Ostdeutschland, konnten aber die westdeutschen Milchkonzerne nicht daran hindern, den ostdeutschen Markt zu besetzen.) Es blieb für die ostdeutschen Kaliproduzenten der Markt der ehemaligen DDR, also der zusammenbrechenden landwirtschaftlichen Produktionsgenossenschaften, die kaum noch Dünger abnahmen. Und obendrein mußte die ostdeutsche Kali-Industrie dem Wiener Kali-Exportkartell beitreten, das den hiesigen Kalibetrieben so hohe Preise diktierte, daß die bislang nicht gerade reichen Kunden aus der dritten Welt absprangen und sich nun Kali zu Dumpingpreisen in der ehemaligen Sowjetunion besorgten.

Natürlich wurden auch die für die Entwicklungsländer günstigen Kopplungsgeschäfte mit der ehemaligen DDR, zum Beispiel »Kali gegen Kaffee« untersagt, außerdem war der Kaffeemarkt in Ostdeutschland inzwischen unter Bremer und Hamburger Kaffeekonzernen aufgeteilt. Danach dauerte es nur noch wenige Treuhand-Verhandlungsmonate, bis die Ostdeutschen bereit waren, ihre Gruben in Bischofferode und Merkers zu schließen und das unbestritten hochwertigere Kalisalz aus Merkers später durch einen Grubenverbund aus dem Hessischen abbauen zu lassen. Dieser Grubenverbund würde rund hundertfünfzig Millionen DM Treuhandgelder, also Steuergelder kosten. Hätte man zwei Jahre zuvor nur dreiunddreißig Millionen Mark (und nicht hundertfünfzig) für die fast fertige neue Kaliumsulfatfabrik in Merkers ausgegeben, könnte man weiter Kali verarbeiten, dort wo man es produziert: in Thüringen. Aber sobald solche Art von eigenständigen Gedanken in ein Konzept einflossen (und nicht die Konkurrenzbereinigung nach Art von Kali und Salz), drohte der inzwischen übermächtige Kalikonzern im Westen: »Sorgen bereitet ›Kali und Salz‹ die Absicht der Treuhand, die Mitteldeutsche Kaligesellschaft zu einem rentablen Unternehmen zu sanieren. Gegenüber subventionierten Staatsunternehmen mit aggressiver Preispolitik und diesem Marktangriff wird sich ›Kali und Salz‹ mit allen Mitteln wehren.« (Nachzulesen in VWD-Spezial Nr. 221)

Sie mußten sich nicht wehren. Die Treuhand stand ihnen hilfreich zur Seite, auch mit Beratern, Experten und bewährten Kadern, die sie von »Kali und Salz« ausborgte und in die Führungsgremien der ostdeutschen Kali-Industrie lancierte. Unter anderem Alwin Cottoff, zuvor Direktor bei »Kali und Salz«, danach beim ostdeutschen Konkurrenten verantwortlich für die Gruben und Lagerstätten. Und der Aufsichtsratsvorsitzende im Osten, ein gewisser Herr Steger, früher Wirtschaftsminister in Hessen. Und die der »Kali und Salz« verbundene »Consulting GmbH« wurde mit der Bewertung von Produktivität und Effektivität der ostdeutschen Kaliwerke beauftragt. Folgerichtig kam auch heraus: Senkung der Kaliproduktion in den neuen Bundesländern von 3,5 Millionen Tonnen 1988 auf, wie es im Fusionsvertrag vereinbart wurde, 1,2 Millionen Tonnen. Und in den alten Bundesländern von 2,5 Millionen Tonnen auf 2,0 Millionen Tonnen. Und zu den seit drei Jahren im Osten entlassenen rund 25 000 Kumpels, in Merkers allein 6 000, sollen nun noch einmal 1 700 kommen. Aber jetzt völlig paritätisch: 1 700 im Osten und 1 700 im Westen. Die im Osten werden in ein bis zwei Jahren auf der Straße stehen, denen im Westen räumt man für die Schließung eine Schonfrist von fünf bis sieben Jahren ein. Damit ist der deutsch-deutsche Kalikonkurrenzkrieg für die »Kali und Salz AG« und die BASF siegreich beendet.

Die ersten Bierflaschen und Taschenrutscher werden herumgereicht. In Reinhardshain lenkt Albrecht Hahnemann wie alle anderen Fahrer den Bus auf den Rastplatz. Aber trotz der Buskarawane macht das Restaurant kein Geschäft, denn die Kalikumpels – unter Tage gibt es keine Kantine – sind Selbstversorger. Sie packen ihre Brote aus. Immer sind sie so eingefahren, mit Brot und Trinkflasche...

Drei Tage zuvor hatte ich mir für 35 deutsche Mark das Privileg erkauft, das inzwischen für viele Merkerser Kalikumpels vergänglich geworden ist: die Einfahrt in die Grube. Mit mir wollten eine Schulklasse, vier Franzosen, ein paar Bayern, ein Rentnerverein, zwei Polendeutsche aus Frankfurt/Main hinunter in das seit 1990 geöffnete größte Kali-Erlebnisbergwerk der Welt. Treffpunkt zur Grubenfahrt im »Bergwerksstübl«. Die Deutschpolen erzählten dem Kassierer, einem ehemaligen Steiger, stolz, daß sie 1950 als Ersatzdienst für die Armee in einer schlesischen Steinkohlegrube geschuftet hätten. »Jeden Tag schwarz wie die Nacht.«

Kalibergbau ist weiß. Auch die Anzüge der zwei Steiger, die uns führten, waren weiß. Einer der Touristen stimmte »Der Steiger kommt« an. Niemand sang mit. Die Steiger verkauften Ansichtskarten und Mineralien. Und Trinkflaschen der ehemaligen Kali-Kampfgruppe für 9,90 DM. Ein dunkler Basaltstein aus 1 000 Meter Tiefe kostet 8 DM. Genausoviel wie das Aktivistenabzeichen. »Dafür mußte man allerdings einige Jahre lang ordentlich arbeiten«, sagte der Steiger. Ein Glas mit Halit für 15 DM. Einer der Bayern kaufte eine Medaille »Bester Steiger« für 14,90 DM. »Die werde ich mir heute Nacht an den Schlafanzug heften, bevor ich zu meiner Alten ins Bett steige!« Die beiden Obersteiger schauten irritiert auf die Spitzen ihrer schweren, schweinsledernen Arbeitsschuhe.

Umziehen. Weiße Jacke. Helm auf. Geleucht an. Gemeinsamer Marsch zur Hängebühne. Davor zwei schon nicht mehr frische Fichtenkränze mit schwarzen Schleifen. »War ein Unfall unten in der Grube?« fragten die Schüler. Die Steiger antworteten nicht. Wir drängelten uns in die Förderkörbe. Drei Anschläge und mit zwölf Metern pro Sekunde abwärts in die Dunkelheit. Die Schüler kreischten. »Fetzt mehr als auf der Geisterbahn in Geiselwind«, johlte einer. Der Steiger, der wie er erzählte, zwanzig Jahre als Obersteiger in der Grube war, hielt das Grubenlicht mit beiden Händen umfaßt, so als bete er. Ein Ritual. Rot leuchtender, beschützter Embryo. Unten auf der ersten Sohle angekommen, hängten wir unsere Fahrmarken an die Tafel. »Gesprengt wird erst, wenn alle Fahrmarken wieder weg sind« erklärte der Steiger. Ich zählte die Marken. Einundsiebzig. »Es sind sechzig Touristen und elf Kumpels unten«, sagte mir der Steiger so leise, daß es die übrigen nicht hörten. Und früher? »In jeder Schicht über 200 Kumpels.«

Wir fuhren die glatten weißen Steinsalzstraßen in zwei der offenen Mannschaftswagen bergauf und bergab. Zuerst in das Kali-Museum. In einer Vitrine lag dort auch das Grubengeschäftsbuch aus der Kaiserzeit. In Schmuckschrift golden auf dem Titelblatt: »Mit Gott!« Der Steiger witzelte: »Zuerst haben wir es mit Gott versucht, dann vierzig Jahre mit Marx, schließlich zwei Jahre mit BRD-Wirtschaftsminister Möllemann. Und der hat geschafft, was Gott und Marx nicht schafften...« Einer der Bayern verbat sich den kommunistischen Politunterricht.

Weiterfahrt in den mächtigen Vorratsbunker, in dem 50 000 Tonnen Salz zwischengelagert werden können. In dem fabrikhallengroßen Raum steht der einzige Schaufelradbagger der Welt, der sich unter Tage befindet. Im März 1989 für fünf Millionen Mark gekauft, auseinandergebaut und Teil für Teil in den Förderkörben nach unten gebracht. Er sollte helfen, die Kumpels bei Arbeitsspitzen von immer wieder nötigen Sonderschichten zu befreien, denn sie konnten in manchen Monaten nicht soviel Salz fördern, wie auf den Weltmärkten verlangt wurde. Einer der Touristen fragte, wie lange die Kalivorräte in Merkers reichen.

»Wenn man wie bisher täglich 27 000 Tonnen fördert, mindestens noch vierzig Jahre.« Nach der Besichtigung des Vorratsbunkers Weiterfahrt zum Goldraum, in dem 1945 Gold, Geld, Gemälde, Teppiche und andere Schätze der Deutschen Reichsbank eingelagert waren. Eisenhower persönlich beaufsichtigte den Abtransport. Nichts davon wurde wiedergefunden. Die Hälfte des Goldes würde reichen, sagte mir der Steiger leise, um heute Grube und Werk zu retten. Ich fragte ihn, weshalb er mit den anderen nicht über die Ängste der Kumpels spricht. »Es sind unsere Gäste, wir zeigen ihnen nur das freundliche Gesicht. Alles andere verdirbt das Geschäft.« 70 000 Gäste seit August 1990. Man arbeitet mit Gewinn. Und die entdeckte Kristallhöhle im Erlebnisbergwerk soll bald unter dem Schutz der UNESCO stehen. Leider nur diese Höhle...

Nach dem Frühstück werden die Kumpels im Bus gesprächiger. Der Graubart rechts neben mir, Siegfried Miersch, ist dreiundfünfzig. Seit achtundzwanzig Monaten arbeitslos. Mit vierzehn begann er im Bergwerk, sechsunddreißig Jahre arbeitet er dort. »Ich war gerade fünfzig geworden als der Steiger mir sagte: ›Siggi, du fährst heute schon eine dreiviertel Stunde eher aus, sollst dich beim Betriebsdirektor melden.‹ Der überreichte mir einen Wisch. Ganze drei Sätze standen drauf auf der Entlassung. Drei Sätze für sechsunddreißig Jahre unter Tage. Meine Frau hatte noch Arbeit in der Merkerser Buchhandlung, ja, das ist die neben unserem Werktor. Aber meine zwei Söhne, deren Frauen und ich waren arbeitslos. Da haben wir zusammen als rettenden Strohhalm die Buchhandlung gekauft. Aber wenn Kali dicht macht, können wir die auch schließen.« Er reicht mir Knackwurst und Schnaps herüber. »Wenn es erst soweit ist, hilft nur noch beten.«

Pfarrer Sopko aus dem Kalidorf Tiefenort ist nicht mit nach Bonn gefahren. »Obwohl ich mir vorstellen könnte, dort im schwarzen Talar in der ersten Reihe zu marschieren«, sagte der Geistliche, als ich ihn in der vergangenen Woche besucht hatte. Doch es hätte ihn niemand vom Betriebsrat angesprochen und außerdem wären die Kumpels wohl mitschuldig an ihrem Unglück. »Denn besonders mutig waren die nie. Als im Herbst '89 unsere Kirche überfüllt war, gingen die Kumpels noch lange nicht auf die Straße, geschweige denn, daß sie mit ihren Bonzen abrechneten. Sie streikten auch nicht. Sie waren brav und warteten. Und als im Nachbarort Dorndorf die Kaliumsulfatfabrik geschlossen wurde, da protestierte kein einziger Merkerser Kumpel. Im Gegenteil, sie hofften, daß sie eine größere Überlebenschance haben würden, wenn Dorndorf dicht sei. Und heute, wo es den Merkersern an den Kragen geht, schreiben die Kumpels aus der Nachbargrube Unterbreizbach einen offenen Brief, in dem sie die Schließung von Merkers begrüßen. Vierzig Jahre haben wir in der DDR von Solidarität gepredigt, aber heute besitzen wir davon weniger als die Eskimos auf Grönland.« Ich fragte den Pfarrer, ob er sich um die arbeitslosen Kalikumpels kümmert. Ja, er hätte sie in die Kirche eingeladen. Aber es wäre niemand gekommen. »Man will die ›Schande‹ nicht noch öffentlich zugeben. Dabei benötigten sie dringend Hilfe und Beistand. Im Nachbarort Kieselbach hat ein arbeitsloser Kumpel Selbstmord begangen...«

Man beginnt sich im Bus einzurichten. Lesen. Essen. Trinken. Dösen. Und der Fahrer erzählt von den Sehenswürdigkeiten in Bonn. Gestört wird die Gemütlichkeit, als einer die neueste Ausgabe der IG Bergbau-Erde-Zeitung »Einheit« herumreicht.

»Sollte besser ›Zwietracht‹ heißen, das Drecksblatt.« In einem Artikel beschuldigt man die Merkerser der Lüge und der Uneinsichtigkeit, fordert sie auf, endlich der Fusion und der Schließung zuzustimmen.

Mein Nachbar mit der Hornbrille schweigt noch immer. Ich spreche ihn an, frage, als was er arbeitet.

»Ich bin der Arsch der Fabrik, weißt du.« Pause.

»Und wenn der Arsch verstopft ist, dann bläht der gesamte Betriebsbauch.« Dieter Mainka arbeitet zwei Kilometer vom Werk entfernt als Haldenwärter. Allein. »Da redest du den ganzen Tag mit dir selber... Vielleicht werde ich einer der letzten sein, wenn in Merkers das Licht ausgeknipst wird. Denn die Fabrik muß ja abgerissen werden, und solange man abreißt, wird man auch was auf Halde fahren.« Aber sicher könne man heutzutage nie sein. »Mein Sohn hat Gleisbauer gelernt. Ich dachte, das ist was Todsicheres, wo doch überall neue Eisenbahngleise verlegt werden. Aber schon neun Monate vor dem Abschluß erhielt er die Kündigung... Er hat sich zum Bund gemeldet.« Der Haldenwärter schweigt wieder lange. Dann fragt er mich plötzlich: »Was werden das für Leute sein, die uns in Bonn empfangen? Polizei oder Bundesgrenzschutz? Wir haben so was doch noch nie gemacht.«

Radiomusik. Nachrichten. Als Spitzenmeldung immer noch Duisburg-Rheinhausen. 2 500 Stahlarbeiter sollen dort entlassen werden. Politiker aller Parteien protestieren. Mein Nachbar sagt: »Würde das Stahlwerk im Osten stehen, kein Aas hätte ein Wort darüber verloren.«

Die Rheinbrücken. Und dann die ersten Polizeikräder. Auf der Autobahn ist die Kalikarawane auseinandergerissen. Die Polizei lotst die Busse einzeln durch die Bundeshauptstadt. Vorbei an den großen Parteihäusern. Einer ruft: »Habt ihr die Plakate mit?« Und ein anderer: »Denen werden wir es zeigen!« Danach ist es unheimlich still, bis der Bus auf dem Parkplatz hält. Der Mercedes-Stern dreht sich auf einem Hochhaus. »Wir sind richtig«, sagt Siggi Miersch. »Wo der Stern ist, muß auch die Regierung sitzen.«

Die ersten, die mal am nötigsten müssen, steigen flink aus, suchen zwischen mickrigen Sträuchern verzweifelt nach einer Deckung. Finden keine. Immer mehr Busse kommen. Man wird es sich bis hinterher verkneifen müssen. Flüche. »So was nennt sich Bundeshauptstadt, aber nicht mal 'ne Pißbude!« Die Transparente werden ausgeladen. Dann schreit jemand: »Formiert euch!«

»Wie zum Ersten Mai?«

»Ja, so ähnlich.«

Immer mehr Polizeikräder. Und außerdem zwei PKW mit Zivilen, die unentwegt in ihre Sprechgeräte reinmurmeln. Die 1 500 haben sich formiert. Sie gehen langsam, recken ihre selbstgemalten Plakate in die Höhe. »Schürfen unser Rohsalz erst die Hessen, kannst Du Deinen Job vergessen!« – »Ossis, Menschen zweiter Klasse!« – »Hessischer Bergbau raubt Thüringer Salz!« – »Herrn Bethges Konsequenz – zuerst muß weg die Konkurrenz!«

Fotografen und Fernsehleute suchen nach Motiven. Und dann stehen wir an der Absperrung. Immer mehr Polizisten, aufeinander eingespielt wie Bühnenarbeiter am Theater, befestigen Hunderte Meter von Eisengittern. Davor hat sich das kleine rote Feuerwehrauto der Merkerser postiert. Aus dem Lautsprecher plärrt das »Deutschlandlied«. Der Zug stockt vor der Absperrung, drängt sich um die Feuerwehr. Dann versuchen sich die ersten Redner. Aber die Lautsprecher auf dem Feuerwehrauto unterliegen im Duell mit dem Bonner Verkehrslärm. Auch die am lautesten geschrienen Argumente sind bestenfalls zehn Meter weit zu hören. Die Kumpels werden unruhig. Immer mehr Polizisten, auch Berittene, warten hinter der Absperrung. Mitten im Gewimmel drei, vier Kumpels, die einen um sich Schlagenden festhalten. Ein schmächtiger junger Mann, anscheinend sein Freund, beteuert den Umstehenden immer wieder, fast heulend: »Das ist sonst ein feiner Kerl, Meister in der Fabrik, noch nie hat er sich betrunken. Aber vor einem Monat erst die Frau weg und nun die Arbeit...« Eine Frau schreit: »Gebt ihm doch endlich eine unters Kinn, damit er ruhig ist.«

Inzwischen hat sich ein Polizeieinsatzwagen so dicht neben das rote Feuerwehrauto gestellt, daß fast nichts mehr zu hören ist. Einige Kumpels rütteln an den Gittern. Und immer lauter: »Schlimmer als in der DDR!« – »Polizeistaat!« – »Wofür sind wir '89 bloß auf die Straße gegangen?« Und dann fast im Chor. »Rauf auf die Straße!« – »Wie '89!« – »Weg mit den Gittern!«

Die Absperrung kippt. Die Polizei weicht. Die Menge jubelt. Ein Kumpel zerschlägt sein Plakat an dem Helm eines Polizisten. Handschellen. Und dann stehen die Kumpels alle hinter der Absperrung auf der Straße. Und wie weiter? Sie stehen und warten und fluchen. Vielleicht eine Viertelstunde, dann tappen sie wieder zurück.

Ein Polizeiauto mit stärkeren Lautsprechern mahnt zur Vernunft. Und kompromißbereit zwängen sich die Redner nun nacheinander in das Polizeiauto und reden von dort aus ihre Reden. Gysi und die Thüringer Europaministerin Lieberknecht, der Salzunger Landrat... Sie sitzen drin und schwitzen, sie schreien in das Mikrofon und hören hinter den Scheiben, wie in einem schalldichten Rundfunkstudio, weder Buh-Rufe noch Beifall.

»Euer Kampf ist auch unser Kampf!« – »Ersatzarbeitsplätze schaffen!« – »Wer kämpft, kann verlieren, wer nicht kämpft, hat schon verloren!« – »Vertrauen in die Regierung?« – »Ihr seid verarscht worden!« Zum guten Schluß: »Dreißig Kumpels werden anschließend mit Vertretern aus Politik und Wirtschaft sprechen. Alle anderen können nun zu den Bussen zurückgehen. Danke für eure Disziplin. Gute Heimreise. Glück auf!«

Abmarsch mit gesenkten Plakaten. An den Bussen stehen Polizisten mit Krädern. Aber die stören nun niemanden mehr. Auch nicht, als dem Bier endlich Tribut gezollt werden kann. In einer sich ständig erneuernden Reihe von vierzig oder fünfzig Männern pinkeln wir am Rand der dicht befahrenen Straße in geschlossener Formation auf eine Grünfläche. Ich frage den neben mir Stehenden: »Was meinst du, ob sie was gebracht hat, die Demo?«

Er sagt lachend: »Auch wenn es heute umsonst gewesen sein sollte: Wann werde ich es noch einmal erleben, daß ich in der Hauptstadt unter Polizeischutz an die Straße pissen kann?«

Unser Bus fährt noch nicht ab, weil ein Kumpel fehlt. Wir stehen in der Abendsonne und genießen die Wärme. Die Frauen beklagen, daß sie in Bonn nicht einmal Zeit hatten, einkaufen zu gehen, und Siggi Miersch versucht den Busfahrer zu überreden, unterwegs noch in einer gemütlichen Ausflugskneipe Rast zu machen.

Eine Traube von Kumpels drängt sich um einen Polizisten. Sie lassen sich von ihm seine schwere Maschine und den Sprechfunk erklären. Klopfen ihm auf die Schulter.»Machst ja auch nur deinen Job.« Und leutselig erzählt der, daß die Sache heute harmlos gewesen sei. »Die Bauern dagegen, die haben auf der Südbrücke Nägel gestreut und die Bannmeile mit Traktoren gestürmt.« Ein Kumpel sagt: Das nächste Mal...»

Nach einer Stunde erscheint der Vermißte. Er hat sich im Kanzleramtshof bei Waigel, Stoiber, Lafontaine und anderen Politikern vergeblich um ein Autogramm bemüht.

Rückreise. Albrecht Hahnemann fährt eine andere Route. »Damit ihr was seht bei eurem Ausflug.« Und legt die Zillerthaler auf. »Ihr dürft mitschunkeln.«

Es schunkelt keiner, aber einige singen und jodeln. Und Dreiergruppen spielen Skat. Ich setze mich zu einer der Frauen auf einen der nun freien Plätze. »Wäre es etwa besser«, sagt die knapp vierzigjährige Marina Herbst, »wäre es besser, wenn sie, statt zu singen und zu skaten, alle zu Tode betrübt dasitzen würden? Das Leben muß auch ohne Kali weitergehen.« Ihr Mann arbeitet wie sie in der Kalifabrik. »Und wenn nicht ein Wunder geschieht, ziehen wir im nächsten Jahr mit unseren zwei Töchtern in Deutschland herum und suchen Arbeit. Irgendwo finden wir welche.« Natürlich nicht so einfach wie damals, als sie von Leuna nach Thüringen gekommen sei und in Merkers keine Arbeit erhalten hätte. »Seinerzeit brauchte ich unserer Nachbarin nur andeutungsweise zu sagen, daß ich ohne Arbeit nicht zur ›Volkswahl‹ gehen würde. Am darauffolgenden Tag wurde ich zum Bürgermeister bestellt, und der beeilte sich, mir mitzuteilen, daß ich sofort in der Verpackungsabteilung der Kalifabrik anfangen könnte.«

Und lachend erzählt sie mir, inzwischen schon Meisterin, wie sie in der vergangenen Woche sage und schreibe 300 000 Plastesäcke unter das Volk verteilt hätte. »›Kaliumsulfat‹ stand drauf und

›DDR‹ und beides haben wir ja nun nicht mehr. Ich konnte die Säcke gar nicht so schnell herunterschmeißen, wie man sie wegschleppte. Wir sind eben immer noch ein Volk der Sammler. Vierzig Jahre bleiben vierzig Jahre.«

Albrecht schiebt die Zillerthaler-Kassette zum drittenmal in den Recorder. Und Siggi Miersch geht mit dem Hut herum und sammelt für den Busfahrer. Abschiedsstimmung.

Am Grenzwachturm sagt einer: »Und wir sind nicht im Westen geblieben! Wir sind zurückgekommen, Genossen.«

Vor dem Werktor in Merkers stehen ungewöhnlich viele Autos. Freitagsdisko im Kulturhaus. Ich frage einige der jungen Leute, weshalb sie nicht mit zur Protestdemo nach Bonn gefahren sind.

»Wir arbeiten doch nicht im Kalibetrieb.«

Und was macht ihr?

Der eine ist in einer Tischlerei beschäftigt. Sie fertigt zur Zeit Holzgestelle für die Kalifabrik.

Der andere ist Klempner. Zur Zeit repariert seine Firma Kalilaugenrohre.

Ein alter Kumpel steht daneben, sagt: »Wir werden das alles noch lernen. Es hat uns doch bislang keiner beigebracht.«

Spiel mir das Lied vom Tod!

Von Worbis aus fahre ich auf schmalen Straßen durch den Wald. Und noch bevor ich im Dorf Bischofferode ankomme, taucht unmittelbar vor mir die rotbraune, bis zu den Wolken reichende zuckerhutförmige Abraumhalde auf. Sie ist von Regenwasser-Rinnsalen zerfurcht wie die Haut eines alten Elefanten. Auf dem Ortseingangsschild steht: »Bischofferode-Schacht«. Außerhalb des Dorfes gelegen und seit 1993 der Mittelpunkt des Ortes. Nur der stillstehende Förderturm und die alten Werksgebäude deuten mir das Bergwerk. Eingangstor, Verwaltungsgebäude und Sozialtrakt ähneln einer avantgardistischen Plakatausstellung oder einem afrikanischen Alphabetisierungszentrum, an dessen Wänden sich jeder voller Stolz mit seinen neuen Kenntnissen verewigt hat.

»Kohl, wir haben schon andere verjagt!«

»Berger, Bonze und Betrüger!«

»Bischofferode ist überall.«

Vor dem Tor stehen die Bergleute, kontrollieren, wer in das besetzte Werk hinein darf, nehmen die von Delegationen mitgebrachten mutmachenden Transparente wie »Rheinhausen (West) und Bischofferode (Ost) liegen gemeinsam in Deutschland« entgegen, holen die Streikkasse, die der Pförtner verwahrt, wenn ein Autofahrer hält und einen Geldschein aus dem Fenster reicht und laden Stiegen mit Säften ab, die ein Unternehmer aus Erfurt als Spende für die Hungerstreikenden gebracht hat. Ich frage nach dem Kollegen, bei dem ich mich melden sollte, und einer von den Torwächtern bringt mich hinein in das Verwaltungsgebäude. Ich warte hilflos in dem Chaos von Zeitungen, Kaffeetassen, Kopierern, trockenen Brötchen, Malkästen, Flugblättern, Apfelsinenschalen, Landkarten, stehe zwischen telefonierenden, rennenden, schreienden, sich auf die Schultern klopfenden Männern und einigen Frauen. Betriebsratsmitglieder, Sprecherrat, Sympathisanten, Helfer aus vielen Bundesländern...

Meinen Mann Lothar Adler kenne ich von einer Lesung beim Pfarrer in Masserberg, mit dem er damals, vor knapp zwei Jahren, eine Reise durch die Sowjetunion auf den Spuren von Pastor Niemöller gemacht hatte. Er sei hier im Organisationsbüro Mädchen für alles, also auch für Schriftsteller verantwortlich. Zwei Tage zuvor sprachen Heym und Plenzdorf in der Kantine vor den Hungerstreikenden. »Eigentlich hätte danach als Dritter Klaus Schlesinger lesen sollen, aber in der Zwischenzeit ist einer der Hungernden zusammengebrochen, mußte ins Krankenhaus gebracht werden. Die Kumpels verabschiedeten ihn mit Blumen, und Schlesinger meinte, daß jetzt nicht Vorlesen sondern Schweigen nötig wäre.«

Bisher hatte ich, nach meinem pauschalen Einverständnis in Bischofferode zu lesen, nicht gewußt wie und wo und was. Nun bin ich völlig verunsichert. Soll ich etwa vor den Kumpels lesen, die auf ihren Hungerpritschen liegen? Nein, in der vorderen Hälfte der Kantine sei ein Aufenthaltsraum abgetrennt, dort würden sich die Hungerstreikenden zu ihren Beratungen treffen, zu Gesprächen und Gebeten... Es sei nicht so, daß sie apathisch und siech auf ihren Pritschen lägen. Und er zeigt mir im hektischen Gewimmel einige Frauen und Männer die in Jogging- und glänzenden Fitnessanzügen so gar nicht zu den übrigen Betriebsratskumpels passen. Eine von ihnen hat sanfte, verträumte Augen. Lothar stellt mich vor. Sie lächelt und sagt: »Ich habe dich beobachtet, du hast so ratlos in diese Welt hier geschaut.« Ich merke, daß sie sehr langsam geht, behutsam, wie auch die anderen in den Jogginganzügen. Lothar sagt: »Karin ist schon fast zwei Wochen im Hungerstreik.« Sie protestiert. Heute sei es ihr fünfzehnter Tag! Aber am Montag müsse sie unbedingt nach Berlin fahren. »Mit deinem Auto?« fragt Lothar. Sie nickt. »Allein?« Sie nickt wieder. Nein, das sei unmöglich, protestiert Lothar. In dem Fall werde er mit ihr fahren und mit dem Zug zurück.

Karin erzählt: »Am schlimmsten ist der dritte und vierte Tag. Da könnte man vor Hunger die Schuhe anfressen. In der Zeit haben wir alle besonders dicken Tomatensaft getrunken. Die Tage danach fühlt man sich, als ob man überhaupt keinen Magen habe. Nur trinken muß man, mindestens drei Liter am Tag.« Nach etwa zwei Wochen würde bei manchen der Kreislauf kollabieren. Bei ihr noch nicht. Und der Hahnemann, der hätte über zwanzig Tage ausgehalten, und am 15. Tag wäre er noch nach Erfurt gefahren und hätte im Landtag gesprochen. Sie entschuldigt sich. Sie müsse sich wieder mal hinten in der Kantine sehen lassen, der Verantwortliche würde jetzt öfter aufgeregt zählen, ob alle seine Schäfchen noch da wären. In der letzten Woche war Karin mit noch zwei Hungerstreikenden, ohne den Betriebsrat zu fragen (»die hätten es sowieso nicht erlaubt«) für zwei Tage verschwunden, war nach Ludwigshafen gefahren und hatte sich dort vor dem Sitz der BASF angekettet.

Lothar hat inzwischen den Schlüssel für ein Zimmer im Arbeiterwohnheim organisiert. Dort kann ich heute Nacht schlafen. Zwei langgestreckte zweistöckige Häuser. Vor einem laufen Männer in verwaschenen, weiten Baumwolltrainingsanzügen herum. Sie alle tragen helle breite und plattgedrückte Schirmmützen. Wie in Moskau, Kiew oder Saratow, denke ich. Lothar nickt. Aussiedler. Wolgadeutsche.

Die Halde ist auch von hier aus zu sehen und auch das Transparent, das ein paar selbstmörderisch Mutige dort oben angebracht haben: »Bischofferode lebt!« Ihre Fußspuren vom Ende des Abraumbandes bis in die Mitte des rutschigen Gipfels sind nicht zu erkennen. Lothar sagt, daß sie wohl keine Chance gehabt hätten, wäre der künstliche Berg ins Rutschen gekommen. Wahrscheinlich ist das, was die Aussiedler hier sehen, für sie, die aus der Hoffnungslosigkeit Rußlands ins angebliche Paradies Deutschland gekommen sind, schockierend, vermute ich. Nicht einmal für die Deutschen Arbeit, ringsum keine in Aussicht, und nun sie noch dazu. Hilflos in der fremden Welt. Lothar sagt, vielleicht würden sich gerade deshalb die Ausländer und die Kumpels auf andere Art zusammengehörig fühlen als das sonst üblich sei in diesem deutschen Land. Vor einigen Tagen wären die Hochseefischer in Bischofferode gewesen, hätten für die Kumpels kistenweise Räucherfisch mitgebracht. »Aber dann merkten sie, daß es nicht das passende Solidaritätspräsent für die Hungerstreikenden war. Macht nichts, sagten die, wir geben es den Ausländern.« Und gestern hätte der Betriebsrat, was selten vorkäme, einen einstimmigen Beschluß gefaßt. »Spender aus Berlin hatten den Kindern der Hungersteikenden eine Fahrt nach Berlin organisiert. Aber der Bus wäre nicht voll geworden. Und da beschlossen die Kumpels, die Kinder der Aussiedler mitzunehmen.«

Im Zimmer stehen ein Schrank und zwei Betten, Tisch und Waschbecken. Ich packe den Koffer nicht erst aus. Überlege, aus welchem meiner Bücher ich den Kumpels vorlese. Nein, nichts von Kali und Arbeitskampf. »Such was Lustiges«, sagt Lothar, »zum Ablenken.«

Vor der Kantine mit den Hungerpritschen steht die Betriebsuhr auf 5 vor 12. An der Tür ein mannshohes Holzkreuz und der Spruch »Bischofferöder zu sein – wie stolz das klingt.« Im vorderen Teil der durch eine spanische Wand abgetrennten Kantine sind in chronologischer Folge die Zeitungsberichte von den Hungerstreiktagen angepinnt. Der 29. inzwischen. Nur einige liegen auf den Pritschen. Die Friseuse ist gekommen. Vollbärte und Haare werden gestutzt. Fotografen laufen ungeniert zwischen den Betten umher, als wären sie hier in ihrem eigenem Schlafzimmer. Immer wenn ein Kind auf dem Schoß des Vaters zu heulen anfängt, blitzen die grellen Lichter. Ich bleibe am Eingang stehen. Zwei handgeschriebene Plakate: »Füttern verboten!« Und: »Auch Journalisten dürfen spenden!« Die ersten Frauen und Männer kommen und setzen sich in die ersten Stuhlreihen. Auch ein paar Kumpels von draußen setzen sich zu ihnen. Die hungerstreikenden Frauen haben ihre Saftflaschen mitgebracht. Trinken. Und ich stottere, weiß nicht, wie ich anfangen soll. Da sagt einer der Kumpels in einem flaschengrünen Freizeitanzug: »Schön, daß du hier bist. Also, ich bin der Andreas, und ich freue mich, daß du zu uns gekommen bist.« Einer hat ein Buch zum Signieren mitgebracht. Manchmal kämen unangemeldet auch unangenehme Besucher. Neulich ein paar forsche junge Leute, die ihnen zuerst ihre Sympathie im Kampf um die Erhaltung der Arbeitsplätze bekundeten und danach gelobten, »daß wir genau wie ihr mutig die Arbeitsplätze für Teutsche und gegen das Ausländer-Gesocks verteidigen werden!« Es sei einfach gewesen, sie auf Bergmannsart rauszuschmeißen. Bei einem hiesigen Kommunalpolitiker, der sie aufforderte, den Hungerstreik zu beenden, weil sonst der Kreis bei der Verteilung von Landesgeldern benachteiligt würde, sei die Kumpelmethode natürlich nicht anwendbar gewesen. Ihn hätten fünf Leute in die Mitte genommen und wären, die Hände in den Hosentaschen, mit ihm bis zu seinem Auto »gegangen«. Bei Ministern hätte man sich noch andere Ablehnungen ausdenken müssen. Obwohl mit Wirtschaftsminister Bohn fast ein Malheur passiert wäre. Er sei in die Grube eingefahren. Und als die Frauen, die die Grube besetzt halten, den Herrn erst einmal unten hatten, wollten sie ihn solange unten behalten, bis der Stillegungsbeschluß zurückgenommen sei. Da wäre der Minister im Gesicht so weiß wie das Kali geworden... Also für Leute in seiner Position, wenn die Zeug reden würden, mit dem man nicht einverstanden sei, würden alle Kumpels zehn oder zwanzig Schritt zurückgehen und sich umdrehen. Er könne dann nur zu ihren Rücken sprechen oder aufhören. Das hätten sie auch bei einem der Spartakisten getan, als er bei der Kundgebung zum Aktionstag zum Kampf für die Weltrevolution aufrufen wollte.

Ich lese von meinen Erlebnissen bei der Hochseefischerei, wie beim Staatsbesuch in Rostock-Marienehe ein Schiff nur von der Landseite aus gestrichen wurde. Und von meiner letzten Reise in die Sowjetunion, bei der ich in Saratow mit dem Präsidenten der Gesellschaft zum Kampf gegen Alkoholismus drei Flaschen Wodka vernichtete. Ehrliches Lachen und nicht nur Höflichkeitsbeifall. Der Bann ist gebrochen. Frau Demme, eine der hungerstreikenden Frauen, erzählt mir, daß sie viele alte Eichsfelder Rezepte aufgeschrieben hat. Ein Westverlag möchte diese Kochanleitungen in einem Buch veröffentlichen. Zusammen mit den Rezepten von zwei anderen Eichsfelderinnen. Allerdings kein Wort von Honorar, lediglich ein Freiexemplar. Nun werde sie mit den zwei Frauen wegen der Honorierung reden. Sie müßten sich erst selber einig sein. Das hätte sie hier gelernt.

»Bis morgen früh«, verabschieden sie sich, »bis morgen früh zum Gottesdienst. Du kommst doch?« Ich nicke und gehe mit Lothar in die Bergmannsgaststätte. Viele der Hungerstreikenden hätten am Anfang immer wieder gefragt, ob Hungern nicht gegen Gottes Wille verstoße, erzählt Lothar. Aber nun sehe man es als eine Art Fasten in Gottes Namen.

Lothar ist seit vier Wochen hier, er kennt die Speisekarte der Gaststätte auswendig. Er hat auch miterlebt, wie sich die politische

Meinung in Bischofferode veränderte. »1990 haben über 91 Prozent im Dorf für Kohl und seine CDU gestimmt. Und Gysi mußte sich bei einem seiner Auftritte im Eichsfeld zum erstenmal durch die Hintertür einer Kneipe vor einer lynchbereiten Menge in Sicherheit bringen. Als er jetzt in einer Bischofferöder Kneipe Abendbrot aß und gerade gehen wollte, sagte der Wirt: ›Herr Gysi, Sie können doch jetzt nicht schon gehen, ich habe gerade eine Saalrunde vorbereitet, damit Sie noch bleiben und wir sie fragen können.‹«

Und die Spartakisten? Ja, die wären 14 Tage hier gewesen, hätten Tag und Nacht agitiert genau wie die Zeugen Jehovas, aber die Kumpels hätten weder sich selbst von den Spartakisten oder von anderen Gruppen benutzen lassen, noch ihre Sache. Überhaupt sei der Protest in Bischofferode eine Angelegenheit, die nicht mit der Axt und der Brechstange ausgetragen werde. Die Kumpels würden mit feiner Klinge fechten. Beispielsweise wären sie zum Wolfgangsee gefahren und hätten Kohls Urlaubswanderwege neu beschildert, das heißt ordentliche Wegweiser aufgestellt. »Und auf allen steht, gleich in welche Richtung er weist, nur ein Ort: Bischofferode.«

Draußen auf der Halde brennen hohe Feuer. Und auf der Straße ziehen die Kinder mit Lampions entlang. Irgendwoher quäkt aus einem Lautsprecher die schrecklichste Mundharmonika »Spiel mir das Lied vom Tod«.

Für die Kinder, sagt Lothar, sei es am schlimmsten: vielleicht noch nicht heute, aber später in dieser verödeten Gegend leben zu müssen. Oder auswandern. Im Moment würden sich sehr viele solidarisch um die Kinder bemühen. Zum Beispiel hat ein berühmter farbiger Bundesligaspieler (ich habe den Namen vergessen, weil ich kein Fußballfan bin) elf Bischofferöder Jungen für vierzehn Tage kostenlos in sein Fußball-Camp eingeladen.

Nach drei Bier bin ich müde. Ich gehe in mein Quartier. Gegenüber, im Haus der Aussiedler, brennt in allen Zimmern noch Licht.

Am Morgen scheint nach wochenlangem Himmelsgrau die Sonne. Und die Aussiedler tun das, was sie am Sonntagmorgen auch zu Hause getan haben. Sie spazieren vor dem Haus hin und her, ein paar rennen um den Block, andere kehren den Eingang. Einer kramt im Schutt, hat eine alte Benzinpumpe gefunden und versucht, sie zu säubern. Er stamme aus einem Dorf bei Kamyschin, von Beruf sei er Traktorist, erzählt er mir. Niemand hätte ihm zu Hause gesagt, daß die Menschen hier keine Arbeit haben. Trotzdem sei er nicht schockiert. Er, der einfache Traktorist Anatoli, bekäme hier das viele Geld, mit Frau und Töchterchen zusammen über 1 500 DM im Monat. Davon könne er zu Hause ein ganzes Jahr lang ohne Sorgen leben... Nach einer Bedenkpause und der glücklichen Erkenntnis, daß die Benzinpumpe noch funktioniert, sagt der Wolgadeutsche: »Aber wahrscheinlich wird nach einem Jahr die erste große Freude über das Geld und die Sachen, die man dafür kaufen kann, vorbei sein. Wenn ich dann noch wählen könnte, entweder hier zu leben, ohne Arbeit aber mit viel Geld, oder zu Hause mit Arbeit und wenig Geld, ich wüßte nicht, was ich tun würde. Denn ich bin hierhergekommen, um zu arbeiten. Nicht um den Deutschen auf der Tasche zu liegen. Ich bin noch nicht einmal fünfzig Jahre alt.«

Vor dem Tor zur Grube wehen heute noch mehr Fahnen, spannen Leute neue Spruchbänder und Frauen in Sonntagskostümen verteilen Texte und Noten. Kirchenlieder. »Sonne der Gerechtigkeit, gehe auf zu unsrer Zeit, brich in deiner Kirche an, daß die Welt es sehen kann. Erbarm dich, Herr. Weck die tote Christenheit aus dem Schlaf der Sicherheit...«

Und im Zimmer des Streikkomitees ein reich gedeckter Tisch. Jeder hat was mitgebracht, und wer von den Kollegen gerade Zeit hat, wäscht sich die Tasse und den Teller des Vorgängers unter kaltem Wasser ab. Selbstgemachte Rot- und Leberwurst. Und Knackwurst, ordentlich abgehangen. Und Tomaten aus dem eigenen Garten und Eier vom Bauernhof. Die Wurst hat einer vom Betriebsrat spendiert. Es käme darauf an, daß man das Gehackte noch warm zu Wurst verarbeite, nicht erst kalt werden lasse. Er zählt Gewürze auf und wieviel Rind er zur Knackwurst nimmt, und danach fragt er, ob schon jemand wisse, wann die Arbeiter aus Südbelgien zurückfahren...

Die provisorische Tisch-Kanzel ist vor der Tür zur Kantine aufgebaut. Blumen auf der Treppe darunter. Vor der Tür die Geistlichen: eine Frau und zwei Männer. Im Betriebshof stehen die Gläubigen mit den Ungläubigen vereint. Die Betriebsleitung hat zwar verboten, den Gottesdienst auf dem Werksgelände abzuhalten, aber die Kumpels stören sich nicht an diesem Verbot. Die Hungerstreikenden sitzen neben den Geistlichen. Andächtige Stille. Nur die klickenden Kameras und die surrenden Aufnahmegeräte stören. Die Journalisten haben sich zwischen »Kanzel« und Gläubige gedrängt und knien und liegen und klettern auf Bierkästen, um Betende und deren zum Himmel gereckte Hände in Großaufnahme aufs Bild zu bekommen. Wir singen zuerst alle Strophen von »Sonne der Gerechtigkeit«. Danach die Sprüche und die Predigt. Pfarrer Schwenn aus Walldorf bei Frankfurt am Main: »Ich will Ihnen nicht sagen, welche Beschimpfungen meine Kirchen-Obrigkeit für mein Vorhaben hatte, hier zu sprechen.« Die Sätze, die er und die Pfarrerin den Gläubigen auf den Weg geben, verwirren mich: »Dem Götzen Wettbewerbsfähigkeit sollen wieder Menschen geopfert werden... Lasset uns Gutes tun an den Opfern, damit ihre Opferer um so friedlicher und ruhiger schlafen können... Sie können nicht an die Quelle der Kraft reichen, die verderbten Mächtigen da oben in Industrie und Politik, weil sie keine wirklich Lebenden sind, aber nun wissen sie, daß wir stark sind...« Worte, die hier die Gewerkschaftsvertreter den Kumpels hätten sagen sollen, denke ich. Die Kirche anstelle der Gewerkschaft! Und die Gewerkschaft? Einer der Hungerstreikenden von der »Kanzel«: »Der Gewerkschaftsboß Berger kann nicht für uns sein.« Und er zählt die Aktiengesellschaften und Verbände auf, in denen Berger Mitglied des Aufsichtsrates oder Mitglied des Vorstandes ist. Insgesamt fünfzehn Posten. Buhrufe beim Gottesdienst.

Dann trippeln vier steinalte Frauen hinauf zur Kanzel. Der Pfarrer richtet den Kopftuch-Mütterchen das Mikrofon, und mit lauter aber zitternder Stimme beginnen sie, im schlecht verständlichen Deutsch zu singen. Ich frage die neben mir stehende Frau: »Russische Aussiedler?« Sie nickt und wischt sich die Tränen aus den Augen.

Direkt auf dem Platz neben der Halde haben inzwischen Fischbrötchenhändler, Bierverkäufer, Ponyreiter, Wurstbrater, Rotkreuzhelfer, Buchhändler und Agitatoren begonnen, ihre Stände aufzubauen. Lothar schleppt mir Tisch und Stühle vom Organisationsbüro herüber. Ich postiere mich mit meinen Büchern nicht auf dem Kundgebungsplatz, sondern am Weg dorthin. Dadurch werde ich nicht viel von den Ereignissen mitbekommen, aber die angekündigten zehntausend Menschen müssen alle an mir vorbei. Und ich bin zum Bücherverkaufen und nicht als recherchierender Journalist nach Bischofferode gefahren. Die Merkerser Kalikumpels kommen sehr zeitig. Ohne Fahnen. Aber der Betriebsratsvorsitzende hat ein »alles Scheiße« auf den Lippen. Sie hätten den zweiten Bus wieder leer zurückschicken müssen. »Seit die Sozialpläne aushängen, fragen fast alle nur noch, was sie kriegen werden.« Obwohl, wenn man ehrlich sei, richtig gekämpft hätten die Kumpels in den Kalibetrieben an der Werra ja nicht. »Jeder freute sich nur immer, daß es die andere Grube und nicht die eigene erwischt hatte. Damit, so glaubten sie, würden die eigenen Überlebenschancen steigen. Keine Spur von Solidarität. So konnten MDK und Kali & Salz an der Werra ein Werk nach dem anderen dichtmachen. Wenn es Bischofferode nicht gewesen wäre, einer hätte der erste sein müssen, der das Zeichen zum Widerstand gab. Bei uns ist sie eben noch nicht reif gewesen, die Zeit dafür...«

Die Hochseefischer aus Rostock schwenken blaue Fahnen. Einer sagt zu mir: »Hast Glück, Scherzer, daß du nicht bei uns in der Fischerei geblieben bist, dann wärst du heute auch arbeitslos. Aber, wer schreibt, der bleibt. Oder kommt's drauf an, was du schreibst?«

Der nächste Bekannte ist der Betriebsratsvorsitzende von »der Kugellager« in Zella-Mehlis. Inzwischen zu Kugel-Fischer in Schweinfurt gehörend. »Du kannst dir unsere Bude anschauen, modernste Technik, wir waren schon zu DDR-Zeiten besser als andere mit Westmaschinen ausgerüstet. Also daran liegt es nicht, daß wir dichtmachen sollen. Aber weil der Markt wegen der Rezession nun eng geworden ist, da gibt's für die Zentrale in Schweinfurt nur eins: Die Aufträge, die dort im Hauptcomputer gespeichert sind, auch unsere, werden natürlich zuerst an die Stammbude in Schweinfurt verteilt. Ich sage dir, das ist Manchesterkapitalismus pur, was die mit uns machen.«

Lange kann ich mich mit den Leuten nicht unterhalten, denn neben mir haben die Spartakusleute, ein junges, schönes Mädchen ist dabei, ihren Agit-Stand aufgebaut. Und einem jeden, der stehenbleibt, egal ob bei mir oder bei ihnen, verkünden sie den baldigen Zusammenbruch des Kapitalismus und den endgültigen Sieg des Sozialismus. Und verkaufen ihre Zeitung, in der sie von Spartakistenerfolgen in Bischofferode berichten, so, als würden sie von hier aus die Weltrevolution organisieren. Schreiben von Spartakisten, die vor den Kalikumpels gesprochen hätten und denen große Sympathien entgegen gebracht worden seien. Lothar nimmt die Zeitung und sagt, sie wüßten doch wohl, daß nur einer von ihnen sprechen wollte, aber nicht konnte, weil die Kumpels ihn daran gehindert hätten. Wichtig sei die Sache, entgegnen die Spartakisten, Hauptsache, es diene der gemeinsamen Sache.

Maoisten verteilen Flugblätter. Und die KPD schwenkt rote Fahnen. Und Tierversuchsgegner protestieren gegen die Chemiekonzerne. Und Kaisertreue verkünden die Auferstehung der Monarchie. Und ein Worbiser CDU-Kreistagsabgeordneter beschwert sich bei Lothar über die hiesige Ansammlung von linken Chaoten. Er hätte lieber mit seinesgleichen diskutiert. Obwohl, wenn man erlebe, was die Konzerne hier im Osten in ihrer Profitgier anrichteten, dann könnte man glauben, die schlimmsten Lehren aus den finstersten Marxismus-Leninismus-Lehrbüchern seien wahr.

Einer der Hungerstreikenden kauft sich alle vier Buchtitel von mir. Und legt für jedes Buch fünf Mark in die Streikkasse. Jetzt hätte er Zeit zum Lesen. Und als ob er sich bei mir für den Hungerstreik rechtfertigen müsse, will er mir die Situation ausführlicher schildern.

»Damit du begreifst, daß es für uns keinen anderen Weg gab. Mein Großvater und mein Vater haben in der Grube gearbeitet. Ich war im Schacht, das heißt, noch bin ich es, und meine Frau war über Tage beschäftigt. Und mein Bruder in der Grube und seine Frau in der Spinnerei in Leinefelde. Auch entlassen. Die Grube und die Spinnerei, mehr hatten wir hier nicht. Wohin also? Das Eichsfeld wird wieder ein Armenfeld. Das muß man doch auch bedenken, wenn man die Grube zumacht. Sense ist dann hier, überall Sense!«

Die Puhdys beginnen mit ihrem Konzert. »Alt wie ein Baum...« Karin, mit den sanften Augen und den nunmehr sechzehn Hungertagen fragt, wieviel ich eingenommen habe. »640 Mark für eure Kasse.« Sie meint, daß sie das Geld bitter nötig brauchen werden. »Dieser Kampf kann noch lange dauern.«

Und die von Vogel versprochenen Dauerarbeitsplätze? Darüber müsse sie nur lachen. Bestenfalls würde die Landesregierung ein oder zwei Investoren, in die sie alle Fördergelder pumpen würde, herholen. Und die würden die Leute wirklich drei oder vier Jahre beschäftigen, solange, bis sie genügend Fördergelder und Vergünstigungen abgeschöpft hätten. Und dann dicht machen. Und die Dauerarbeitsplätzler entlassen, denn kein Kapitalist würde sich doch darauf einlassen, daß er die Arbeiter für immer und ewig beschäftigen muß. »Und Vogel oder ein anderer, was würde der dann mit den wieder arbeitslosen Dauerarbeitsplätzlern machen? Oder will man durch diese Exempel hintenherum das Recht auf Arbeit in die Thüringer Verfassung mogeln?«

Ich sage, daß ich soweit noch gar nicht gedacht hätte. Sie lächelt: »Wir haben viel Zeit zum Nachdenken. Wenn wir auf der Pritsche liegen.«

Lothar trägt Tisch und Stühle wieder hinüber ins Büro. Bringt mir die Quittung für die 640 DM. Keine großen Worte: im Namen der Kumpels und so. Nur: »Danke, daß du hergekommen bist«

Ich sage, daß ich später noch über das Eichsfeld und die Kumpels recherchieren werde. »Vielleicht in fünf oder sechs Jahren, wenn alles zu Ende ist und niemand mehr über euch schreibt.«

»Egal, wie es ausgehen wird?«

Egal, wie es ausgehen wird.

Goldene Hände im Pech

Während ich mich mit den Thielemanns (sie 35, er 67) in ihrer neuen großen, bis auf einen Tisch, vier Stühle, Schlafmatratze und Blumenpflanzen in Pappkartons aber leeren Wohnstube unterhalte, klettert vor dem Nachbarhaus ein junger Mann auf die oberste Sprosse einer Stehleiter und verrenkt sich fast den Hals, um in die Thielemannsche Glasüberdachung zu linsen, irgendeine Neuigkeit zu entdecken. »Die meisten Leutersdorfer kommen nicht mehr herein und fragen«, sagt Günther Thielemann. »Unsere Situation ist ihnen peinlich, sie machen einen Bogen um uns, als hätten wir die Pest.«

Die Thielemanns sind die einzigen, die in Südthüringen das alte Handwerk der Blaudrucker betreiben.

Er führt mich nach nebenan in das frühere Wohnhaus. An der Tür warnt ein Schild: »Betriebsfremden Personen ist das Betreten verboten!« Betriebsfremde könnten in den steinernen Brunnen fallen, der zwar äußerlich dem des Froschkönigs gleicht, aber mit Indigobrühe gefüllt ist. Die Thielemanns haben ihn 1983 eigenhändig ausgeschachtet und gemauert; die Quadersteine des ehemaligen Kuhstalls nach einem alten ungarischen Färberrezept zusammengefügt: Kalk, Sand, Wasserglas, Zement und Quark. Er ist dicht. »In der DDR wurden keine Stoffe gewebt, die breiter als 1,40 Meter lagen, dafür reichte unser Brunnen allemal. Nach der Wende allerdings konnten die Tische und Decken nicht groß genug sein.« Deshalb schauen nun zwei 10 000 DM teuere hölzerne Färberfässer, sogenannte Küpen, aus 2,80 Meter Höhe auf den alten Steinernen herunter.

Seit 1990 ziehen die Thielemanns mit ihren traditionell blauweiß gemusterten, großen und kleinen Decken auf die Märkte in ganz Deutschland. In Hessen drehten die Käufer die Kunstwerke anfangs immer wieder um und um, suchten ein Zeichen dafür, daß es doch Billigware aus Taiwan sei, und wollten nicht glauben, daß die Blauweißen hierzulande mühsam in Handarbeit bedruckt, gefärbt, gespült, getrocknet und gemangelt worden waren. Denn in Hessen hatte kein einziger Blaudrucker die vierzig Jahre BRD-Wirtschaftswachstum überlebt.

Thielemanns Meisterwerk, ein frei gestalteter Blaudruck-Wandbehang, erhielt 1991 zur internationalen Kunsthandwerker-Ausstellung »Goldene Hände« die begehrte »Marseillan-France-Medaille«. Und im gleichen Jahr, das war die Zeit, als in den neuen Bundesländern die Geburtenrate tief in den Keller sackte, schafften sich die Thielemanns, ermutigt vom »Aufschwung Blaudruck«, ihr erstes Kind an. Töchterchen Saskia-Maren ist inzwischen fünf und wohnt nicht mehr im kleinen Thüringer Leutersdorf, sondern bei Frau Thielemanns Schwester in Hessen. »Sie soll das hier nicht mitmachen. Und vor allem später eine gute Ausbildung, eine hervorragende Ausbildung, die beste Ausbildung erhalten... Eine Ausbildung zum klugen Gauner! Denn nur als Gauner kann man in dieser Welt der Gaunerei bestehen.«

Günther Thielemann sagt das so oft, als müßte er es nicht mir, sondern sich selbst einreden. Nein, seine Ausbildung sei zwar nicht schlecht gewesen, aber ein Fach hätte leider gefehlt, ein heutzutage sehr wichtiges.

In Riesa Tüncherlehre, abends Zeichenzirkel. Ausbildung als Bühnenmaler an der Fachschule für angewandte Kunst. Praktikum an der Komischen Oper in Berlin. Produktionsassistenz am Berliner Ensemble. Fünf Jahre Studium. Abschluß als Bühnenbildner. Theaterarbeit in Brandenburg und Leipzig. Filmarchitekt bei DEFA und Fernsehen. 1981 als Bühnenbildner nach Meiningen.

Von dort aus waren es nur noch siebzehn Kilometer bis nach Leutersdorf. 1983 kaufte er das alte Bauernhaus samt Stallungen und Scheune und begann zusammen mit seiner Frau, die Kunst des Blaudrucks zu betreiben.

Weißer Baumwollstoff wird mit einer grünen Abdeckmasse aus Tonerde und Gummiarabicum bedruckt. Getrocknet. Dann werden maximal acht Bahnen auf das Färberkreuz gehängt, in die Küpe getaucht. Getrocknet. Die Abdeckmasse herausgewaschen. Getrocknet. Gemangelt... Am Ende strahlen kunstvolle weiße Muster auf blauem Grund. Die Technologie hört sich einfach an, doch man kann schon die Model-Abdeckmuster falsch aufdrucken. Das ist noch reparabel. Aber wenn die Stoffbahnen im

Indigobad aneinanderkleben, entstehen große weiße Flecken. Und da ist nichts mehr zu reparieren. Alle Arbeit war dann umsonst...

Frau Thielemann unterbricht mitten im Gespräch. Verschiebt auf morgen. Heute müßten sie unbedingt zur Bank. Sie hätten ihr Auto gestern noch einmal ordentlich geputzt und würden es nun der Bank übergeben. »Wir werden es dort auf den Hof stellen und die Papiere hinterlegen. Genau wie zuvor unseren Kleintransporter.«

Fortsetzung am nächsten Tag. Die Blumenstöcke stehen immer noch in Bananenkartons. Und Günther Thielemann erzählt Geschichten aus der Nachwendezeit. Zuerst über die reiche Amerikanerin, die von den Blaudruckstoffen begeistert war und sie massenweise über ihre Handelskette in den USA vertreiben wollte. »Zwar nicht blau, sondern rosa, aber das war für uns kein Problem. Und dann die westdeutschen Trachtenmärkte, auf denen uns die Näherinnen für das kommende Jahr Großbestellungen versprachen.«

Das machte den Thielemanns Mut. »Und weil die Scheune fast zusammenbrach und das 1805 errichtete Wohnhaus nun als Werkstatt und Wohnung zu klein geworden war und weil unser aus dem Westen geholter, stets lachender Ministerpräsident bei jedem öffentlichen Auftritt den Aufschwung des Goldenen Handwerks in Thüringen und Arbeitslosenzahlen unter zehn Prozent versprach, beschlossen wir, die Scheune auszubauen.« Handwerksräume, Ausstellungssaal, Vortragszimmer, Galerie auch für Glasbläser und Rhonschnitzer, Räume für Wochenendlehrgänge sollten entstehen. Und eine Meininger Bank gab bereitwillig einen hohen Kredit...

Unvermittelt wechselt Günther Thielemann das Thema. »Damals beim Praktikum als Bühnenbildner an der Komischen Oper schickte man mich eines Tages in das Berliner Ensemble, um die Kulissen auszubessern. Ich Naivling aus der Provinz stehe also mit meinem Farbeimer im BE, staune über den vielen Dreck dort – erst später begriff ich, daß Dreck im BE kein Dreck, sondern Kunst ist – und beginne zu malern. Eine Reinemachefrau im langen grauen Kittel beobachtet mich und sagt nach einer Weile: ›Wenn du fertig bist, melde dich in meinem Büro wegen einer

Produktionsassistenz.‹ Ich denke: Was soll der Mist, Büros für Reinemacheweiber... Es war aber keine Putze, sondern die Weigel im Flinz-Kostüm, die mich angesprochen hatte. Ich kannte das BE eben nur von den sterilen, staubfreien Bühnenbild-Modellen. Allerdings kostete mich meine damalige Naivität nicht die Existenz.«

Er zeigt mir alle Räume der umgebauten Scheune. Der unterste ist gekachelt. »Hier sollten Kinder mit Farben kleckern, Stoffe bedrucken können.« Neben der Tür steht ein »Hundertwasser-Haus« für Saskia-Maren. Vom Vater aus einem Ölheizungskarton gebastelt und bunt bemalt. Die übrige Fläche ist vollgestellt mit Schränkchen, Kinderbett, Kartons voller Videos, Küchengeschirr und Stoffballen. Denn in einer Woche müssen die Thielemanns ihr neues Blaudruckerhaus mit Handwerksräumen, Ausstellungssaal, Vortragszimmer, Galerie, Räumen für Wochenendlehrgänge und der Wohnung leer gezogen haben! Ihnen gehört hier schon nichts mehr. Nicht das alte, zu DDR-Zeiten gekaufte Wohnhaus, nicht die ausgebaute Scheune, nicht der steinerne Brunnen, nicht das Auto. Alles gehört der Bank, und die hat es einem Makler zum Verkauf übergeben. Die Thielemanns konnten die hohen Zinsen nach einer Schonfrist nicht mehr von ihren Einnahmen begleichen.

Ich frage nach dem Bombengeschäft in den USA. Das scheiterte zuerst am amerikanischen Einfuhrverbot für Baumwolle, und als sich die Thielemanns auf Leinen umgestellt hatten, starb die Besitzerin der Kaufhauskette. Und von den Trachtennäherinnen hätte nur eine bestellt, jedoch nie bezahlt. Und der Vogel-Steigflug für Handwerker in Thüringen wurde ein Absturz, die Zahl der Arbeitslosen stieg und steigt unaufhaltsam. Und immer weniger Leute kaufen die kunstvoll handgefertigten, teuren Blaudruckdecken. Zwar blieb der Preis wie zu DDR-Zeiten konstant bei einhundert Mark/DM für eine Decke, aber die früheren Nebenkosten entwickelten sich zu Hauptkosten: Ein Kilo Indigo von 300 Mark auf 1 420 DM. Und nicht zu reden von den Preisen für Wasser und Strom... Sie wirtschafteten plus minus Null trotz harter Tages- und Nachtarbeit. Und die Bank verlangte: Wenn schon keine Zinsen, dann wenigstens langfristige Verträge vorzeigen. »Aber eine Blaudruckdecke kannst du nicht als Serien-Schonbezug für den Opel in Eisenach anbieten.« Dann sollte er wieder in seinem alten Beruf Geld verdienen, sagte die Bank. Und der Filmarchitekt Thielemann bewarb sich bei der Bavaria in München. Man setzte ihn dort großmütig auf Warteschleife. Ansonsten sei er ein überqualifizierter Ossi und nicht zu bezahlen.

Er schrieb an »Landesvater« Vogel. Der ließ ihn im Staatssekretariat empfangen. Und Thielemann redete dort, als ob es um sein Leben ginge: von einem Thüringer Blaudruckzentrum in Leutersdorf, Ausstellungen, Blaudruck-Lehrgängen, nötiger Landeshilfe bei den Nebenkosten... Man riet ihm, sich wieder zu melden, wenn seine finanzielle Situation besser sei. Und schickte in diesen Tagen ein Filmteam nach Leutersdorf. Das drehte im Auftrag des Wirtschaftsministeriums einen Propagandafilm über das Goldene Thüringer Handwerk, vorzuführen bei potenten Investoren. Sie filmten den »erfolgreichen Traditions-Handwerker« bei der Arbeit, obwohl er ihnen über das Aus berichtet hatte. Genau wie der MDR, der seine optimistischen Szenen über das Blaudruckerhandwerk in Leutersdorf vor drei Wochen ausgestrahlt hatte. »Zum Kotzen«, schimpft Thielemann. »So schlimm hätte nicht mal das DDR-Fernsehen gelogen.«

Das Blaudruckerehepaar zieht in diesem Juni – »ohne belastenden Besitz« – nach Hessen. Ihre über hundert, teilweise mehr als hundertfünfzig Jahre alten Druckmodeln nehmen sie mit. Dort, wo die Marktwirtschaft inzwischen alle Blaudruckbetriebe vernichtet hat, siedelt man jetzt die Thüringer im »Hessenpark« an. Sie sollen den Hessen ihre Kunst zeigen, Vorträge halten, drucken, verkaufen, Wochenendlehrgänge organisieren, das ehrbare, alte, fast vergessene Handwerk wiederbeleben. Mietfrei und ohne die Nebenkosten zahlen zu müssen!

Doch auf die Einnahmen lauert die Bank. Denn weil Thielemanns Blaudruckhaus nicht als teurer Wohnraum zu vermarkten ist, wird der Verkauf für die Bank nur die Hälfte des gewährten Kredits bringen. Hundertausende DM Schulden schleppen die Thüringer Blaudrucker mit nach Hessen. »Uns bleiben drei Möglichkeiten«, sagt Günther Thielemann. »Einen Strick nehmen. Schnell Millionär werden. Oder den Verdienst an der Bank vorbeimogeln. Nie mehr ehrlich sein können, immer die Ellenbogen raus, immer ›betrügen‹ müssen.« Nachhilfeunterricht in dem Fach, das während seines Studiums nicht gelehrt worden war...

Beim Abschied frage ich, wann sie das große Schild »Blaudruckerei Günther Thielemann« an der neuen Hauswand abmontieren. Nie, sagt die Frau. »Es bleibt dran, bis es der neue Eigentümer herunterholt.« Es sei nur mit vier Schrauben befestigt.

Nicht gefragt habe ich, was aus der Indigobrühe im steinernen Brunnen und in den neuen hölzernen Färberfässern wird. Früher nämlich wechselte die der Blaudrucker ein Leben lang nicht.

Wir himmeln hier per Hand

Wahrscheinlich war mein erster Versuch, die Stadt Suhl zu erkunden, der ungeeignetste. Ich hatte in der Lokalpresse gelesen, daß wegen des nachmittäglichen Kohl-Besuchs bereits ab frühmorgens die großen Parkplätze im Stadtzentrum gesperrt wären. Und ich beschloß, an diesem Kanzlertag von meinem Heimatdorf Dietzhausen lieber mit dem Fahrrad bis in die Stadt zu fahren. In die ehemalige südthüringische Bezirksstadt, an deren Rathaus in großen Lettern steht: »Im grünem Wald die rote Stadt, die ein zerschossen Rathaus hat.«

Grün ist das Land nicht mehr. Herbstbunt das Laub zwischen den Fichtenwäldern rings um Suhl herum, und goldgesträhnt die Birken auf den Bergweiden. Tourismuslandschaft.

Der neue Radweg endet vor Mäbendorf, einem idyllischen kleinen Ort, der Suhl bereits 1979 zugeschlagen worden ist. Ich bewundere in Gedanken die kleine Fachwerkkirche des Dorfes zu lange, denn urplötzlich ist die Straße verschlammt, drängeln sich Laster zwischen Baucontainern, und ich falle vor einem fußballfeldgroßen Betonbauwerk in den Dreck. Ein Schild davor verkündet den Aufschwung Ost mit 6 100 plus 1 500 Quadratmetern Verkaufsfläche und 820 Parkplätzen. Gegen diesen häßlichen Koloß – solch massiven, fensterlosen Betonklotz sah ich bisher in keinem Bundesland – sind die Opel-Hallen in Eisenach architektonische Meisterleistungen. Außerdem wird dort produziert. Nein, denke ich, nur nicht aus westlicher Richtung in die – so preist sie das Fremdenverkehrsamt – »Tourismushauptstadt Südthüringens« hineinfahren. Das nächste Gebäude ist ein neues »japanisches« Autohaus. Gegenüber stehen die teilweise verlassenen und verfallenen alten Fabriken des ehemaligen Suhler Fahrzeug- und Jagdwaffenwerks. Gewehre und Mopeds »Made in GDR« haben Suhl in aller Welt bekanntgemacht. Vor dem Werktor säubere ich mir die Hose. Einen Arbeiter frage ich, wie es drinnen läuft. Sie wären nicht einmal mehr ein Drittel der früheren Belegschaft. Aber Postminister Pötsch hätte versprochen, daß er das neue

Elektroauto und Roller in Suhl bestellen würden. »Ich selber habe in der Jagdwaffe gearbeitet, jetzt reiße ich als ein ABMler unseren Betrieb, die alte Hähnel-Gewehrfabrik, mit ab.«

»Und wenn die abgerissen ist?«

»Dann werde ich vielleicht an der Autobahn mitbauen können. Genau hier, über das gesamte Betriebsgelände, über die Straße und die Häuser hinweg, wird eine kilometerlange Autobahnbrücke errichtet.«

Wanderer, nähere dich dieser Stadt nicht von Westen her...

An der Hauptstraße grüßen von fast allen Lampenmasten die Konterfeis der Wahlkandidaten. Unten auf der Erde die PDS-Leute, obendrüber – sich gewissermaßen daraufstellend – die SPD-Poträts. CDU-Ministerpräsident Vogel hängt allein und ziemlich weit oben und schwindelt: »Es gibt keine Alternative.« Krempelt sich die Ärmel hoch, und ich als Fahrradfahrer (die schnellen Autofahrer sehen das nicht) erkenne auf seiner Uhr sogar die Zeit, zu der er sich die Ärmel hochgekrempelt hat. Halb sechs Uhr. Morgens? Nachmittags?

Jetzt ist es kurz nach vier Uhr nachmittags. Um fünf soll Kohl kommen. Durch das Eisenbahnviadukt – 1884 erhielten die Suhler, vor allem die Waffenproduzenten, endlich den Eisenbahnanschluß an Europa – fahre ich zum zentralen Platz der deutschen Einheit. Doch davor stoppen mich Polizisten. In die vorüberhuschenden Wagen schauen sie nur flüchtig hinein, mich halten sie an. Kontrollieren meine Tasche. Radler sind heutzutage, kurz vor dem Autobahnbau, in jeder Beziehung verdächtig.

Absperrungsgitter vor der Rednertribüne. Oberhalb des Platzes stehen sieben Mannschaftswagen der Sicherheitskräfte. Viele der »Unauffälligen« in Zivil schauen weg, wenn ich sie grüße. Ich kenne sie von früher. Ein junger, dynamischer CDU-Ordner mit Schlips und im rotsamtenen Sakko hindert Bauarbeiter mit ihren Protestplakaten und ihren Forderungen nach Schlechtwettergeld in den Innenraum des Platzes der Einheit, in Sichtweite der Redner zu gelangen. Also warten sie auf der Straße, dort, wo Kohl eintreffen soll. Aber Kohl kommt von der anderen Ecke. Sieht nur die ausgestreckten Hände. Zuerst spricht Vogel. Suhl erwähnt er in zwei Sätzen. Die Jagdwaffe und die Simson-Fahrzeuge seien gerettet. Und auch Pilz werde man nicht hängenlassen. (Von Pilz wird noch zu erzählen sein.) Kohl sagt einmal »schönes Suhl« und mehrmals »liebe Suhler«. Ansonsten lobt er die Einheit und schimpft auf die PDS. Da pfeifen manche.

Die Bauarbeiter lassen inzwischen Luftballons vom Gewerkschaftshaus starten. Doch das Haus steht leider hinter der Tribüne. Einer der Bauarbeiter brubbelt mit tiefer Stimme, der Dicke da vorn erzähle was von Aufbau, er solle lieber mal rüber gucken zu den »Sarajevo-Ruinen«. So nennen die Suhler ihren 1972 gebauten Stadthallenkomplex heute. Eine runde, nach Leningrader Vorbild errichtete Stadthalle mit 2 250 Plätzen für Kultur- und Sportveranstaltungen. Dazu eine Schwimmhalle und das höchste Gebäude von Suhl, ein einundzwanzigstöckiges Wohnhaus mit Café obendrauf. Von all dem stehen nur noch Stützpfeiler und Außenwände. Wie ausgebrannt. Für eine D-Mark hat ein West-Investor den Komplex von der Stadt gekauft und bis auf die Außenhaut abgerissen. Er wollte das neue internationale Kongreßzentrum inzwischen längst einweihen, aber es dauert und dauert. Der kräftige Bauarbeiter – »Ich heiße Tilo Springer und habe seinerzeit die gläserne Fassade der Stadthalle mitgebaut« – schimpft über den Betonmantel, den die Billigarbeiter aus Portugal nun der Halle überstülpen. »Furchtbar sieht's aus. Das einzig positive: Die Halle ist jetzt ein paar Zentimeter höher. Ist ja alles sumpfig hier, Suhl entstand nun mal aus Suhle, und folgerichtig hat die Stadthallentorte beim Abriß Auftrieb bekommen. Im Keller könnte man jetzt Forellen züchten.«

Kohl redet über die starke D-Mark die man nicht durch sozialistische Experimente gefährden dürfe. Die Bauarbeiter lachen. Und einer der CDU-Leute neben mir zeigt wütend auf die Bauarbeiter und sagt, daß ganz Suhl schon wieder unterminiert sei. Unterminiert, unterhöhlt von der PDS.

Das stimmt, Suhl ist unterminiert. Ein Beweis dafür steht unweit des Stadtzentrums: der 676 Meter hohe Suhler Hausberg, der Domberg. Unterminiert ist er seit Jahrhunderten durch die eisenschürfenden Suhler Bergleute. Genau wie der Ringberg und der Dölberg wo seit siebenhundert Jahren Erz gefördert und zu Eisen verarbeitet wurde. Erst 1860 schloß man die letzte Grube am

Domberg. Das bedeutete allerdings nicht das Ende für die wichtigsten Industrie der Stadt, die Waffenherstellung. Seit fast fünfhundert Jahren werden in Suhl Waffen produziert.

Und des Geschäftes wegen konnten die hiesigen Fabrikanten in den vielen Kriegen nicht nach Recht oder Unrecht, nach Moral oder Unmoral fragen. Sie verkauften heute diesem und morgen jenem. Und sie verkauften nicht schlechthin Gewehre, sie verkauften fast immer »High tech«, wie es neudeutsch heißt. Nur einmal kamen sie zu spät, denn der Suhler Waffenbaumeister Schmeißer erfand die Maschinenpistole erst 1918!

Sowohl die Hennebergischen Grafen als auch die sächsischen Herzöge, denen Suhl zeitweise unterstand, liebten zwar die Waffen der Stadt, nicht unbedingt aber den Geruch, den Rauch und den Schweiß in der »Waffenschmiede Suhl«. Die Stadt wurde nie Residenz, kein Schloß wie in vielen Orten ringsum wurde hier erbaut, und 1815 bis 1945 gehörte die Proletarierstadt als Enklave sowieso zu Preußen.

Und keine der »geadelten« Städte in der Nachbarschaft wollte mit dem »Schmuddelkind« Suhl spielen. Das tat dann der Arbeiter- und Bauernstaat, der Suhl in den Rang einer Bezirksstadt erhob. (Keine Westnähe und Herzogsvergangenheit wie die ehemalige Residenz Meiningen, dafür Arbeiterklasse!) Und um die geduckte Stadt im Tal für Institutionen, Straßen und sozialistische Neubauten zu öffnen, wurden große Teile der Altstadt abgerissen. Seitdem hat Suhl zwischen all seinen Neubauten nur noch museale Vergangenheitsinseln.

Aber die Stadt wuchs seit 1970 um über 20 000 Einwohner. Fremde kamen, um beim Aufbau der »sozialistischen Bezirksmetropole« zu helfen. Und deshalb befindet sich heutzutage in der 55 000-Einwohner-Stadt das größte Wählerpotential Südthüringens auf einem Fleck. Und deshalb müssen die Politiker nach Suhl kommen. Egal ob sie die früher gehätschelte und heute wieder auf ihre Grundlagen zurückgestufte Stadt lieben oder nicht. Kohl redet davon, daß er in zwei Stunden bereits vor der Frauenkirche in Dresden sprechen wird. Nein, hier und heute erfahre ich nichts über Leben und Leute in Suhl. Ich radle los, damit ich eher zu Hause bin als Kohl in Dresden sein wird.

Beim zweiten Versuch, Suhl zu erkunden, gehe ich zu Fuß und gewissermaßen von hintenherum durch herrliche Wiesentäler und über Bergeshöhen nach Suhl. Das heißt, ich schaffe es nur bis zum eingemeindeten Dorf Albrechts. Abseits der Verkehrsmagistralen liegt es freundlich im Tal, wäre auch nach der Wende wohl fernab aller Sensationen geblieben, wenn da nicht jenes Werk gebaut worden wäre, zu dem ich jetzt hin will. Außerhalb des Ortes auf einer Anhöhe, versucht sich ein glasdurchsichtiger Industriebetrieb in das Grün einzufügen. Architektonisch ist das fast gelungen. Und zur Einweihung vor gut zwei Jahren war auch der Ministerpräsident hier. Er freute sich über das mit erheblichen Fördermitteln gebaute »modernste CD-Werk der Welt«. Danach jedoch geriet Unternehmer Pilz in finanzielle Turbulenzen. Das Land übernahm das Werk, butterte Millionen hinein, wollte es Pilz nach der Gesundung wieder zurückgeben. Doch nun droht Konkurs...

An der Pforte sagt mir der Pförtner, daß er erstens niemand von der Presse hereinlassen dürfe, außerdem wäre er nicht der richtige Pförtner, sondern nur ein Freund des Pförtners. Der richtige sei mal austreten... Früher hätte auch er hier gearbeitet. Teilzeitbeschäftigung. Aber nun... Nach einer Weile beteuert er, daß er weder für die PDS noch ein alter Kommunist sei, aber damit ich es wisse: »Solange es um Schulden geht, haben wir hier immer noch Volkseigentum. Die Schulden-Millionen, die zahlen nämlich Sie und ich mit unseren Steuern. Nur die Gewinne, die kassiert dann wieder der Herr Pilz.« – Der Herr Pilz sitzt inzwischen übrigens wegen »Investitionsbetrug« in Untersuchungshaft.

Ich wandere nicht weiter in Richtung Domberg. Von Albrechts fahre ich mit dem Bus nach Suhl. Der Bus sieht so gut und so modern aus wie das CD-Werk. Und am Taxistand in Suhl stehen jetzt die Taxis Schlange. Ich frage einen der Fahrer, was er einem Fremden zeigen würde, damit der Suhl kennenlernt. »Zuerst das Schießsportgelände auf dem Friedberg. Den Tierpark in der Suhler Schweiz. Das Hotel auf dem Ringberg. Die Sternwarte auf dem Hoheloh.«

»Und in der Stadt?«

»Vielleicht, wenn es ihn interessiert, das Grab von Herbert Roth, der hat das Rennsteiglied geschrieben. In der Stadt selber...

nee, da wird doch im Moment nur gebaut. Sind genug Geldleute aus dem Westen gekommen, die haben die Geschäfte aufgekauft und bauen sie nun neu. Wollen wir zufrieden sein, denn wer von unsereinem aus dem Osten kann heute schon im Stadtzentrum ein großes Geschäft bauen.«

Vom Bahnhof laufe ich zum Markt. Auf dem Weg dorthin sehe ich rechts und links die letzten schönen alten Villen von Suhl. Die Villa im italienischen Stil, früher gehörte sie dem Gewehrfabrikanten Sauer, später war sie das Johannes-R.-Becher-Klubhaus, heute Vereinshaus. Das Rokokohaus des Gewehrhändlers Steigleder. Das Galeriegebäude, seinerzeit einem Weinhändler gehörend. Auch Bauhausstil ist zu sehen. Das ehemalige Konsumkaufhaus wurde 1928 vom Gropius-Schüler Karl Otto entworfen.

Auf dem Markt Stände mit holländischem Käse, Thüringer Wurst, alten DDR-Krimis, Blumen, Spreewaldgurken. Ein junger Mann mit kohlrabenschwarzem, gepflegtem Bart und Nickelbrille preist seine Gewürze an. Kommt aus dem bayerischen Rodach. Heißt Spielvogel. Und hat unter den hunderten Sorten auch einen »Original Suhler Tee« aus Wildschlehen. Er verkauft auch einen »Meininger Tee«, der enthält das vornehmere Maracuja. Also die Tees, sagt er, die wären sein Beitrag zur deutschen Einheit. Und er hätte die Sorten auch der Mentalität angepaßt. Die Suhler seien etwas einfachere, um nicht zu sagen, proletarischere Menschen. Die Meininger dagegen schon feiner in ihrer Art. Und die würden, wenn er bei ihnen auf dem Meininger Markt handele, natürlich auf die alte rote Stadt, in die zu Sozialismuszeiten alles hineingebuttert worden sei, fürchterlich schimpfen. Ich schaue hinüber zum rotgestrichenen Rathaus. Dort steht er noch, der Spruch von der roten Stadt im grünen Wald. Mit goldenen Buchstaben. Aber nach der Wende hat die neue Stadtverwaltung vorsorglich noch die Jahreszahl 1920 hinzufügen lassen. Damit niemand etwas Falsches denken kann... »Allen hier in den neuen Bundesländern«, philosophiert Gewürzhändler Spielvogel aus dem bayerischen Rodach, »ist gemein, daß sie noch sehr konservativ kochen. Dabei könnten die Frauen, die in der DDR immer nur arbeiten mußten und nun zu Hause sind, nun auch neue Speisen und Gewürze ausprobieren.« Und er preist sein »Wundergewürz Sasiki« an...

Gegenüber des großen Verkaufswagens aus Rodach hat sich ein Mann ein paar Tische und Stiegen und einen Hocker hingestellt. Bietet Lavendel an und Salbeipflanzen und Arnika in kleinen Töpfchen. Roland Mägdefrau aus Schwarza. »Von gleich hier um die Ecke, fast ein Suhler«, wie er sagt. Bauerndill empfiehlt er mir, selbst geerntet, und Äpfel aus dem eigenen Garten. Seine Pflanzen stammten nicht aus dem Gewächshaus, die wären im Freiland abgehärtet. »Damit sie auch was werden, hier in den Berggärten. Was nutzen uns die wunderbarsten, blütenprächtigsten, hochgezüchteten Pflanzen aus Holland? Die gehen hier ein.« Er betreibe die Gärtnerei nun schon seit fünfundzwanzig Jahren als Hobby. Von Beruf sei er Werkzeugmacher, Metaller. Und er sei vor der Wende und danach auf eines stolz gewesen: auf seiner Hände Arbeit. Nur darauf. Die Suhler wären Arbeitstiere. »Deshalb brauchen wir heute auch keinen toten Herzog wieder lebendig zu machen, um unsere Geschichte zu finden. Unsere Geschichte war immer die Arbeit. Und ohne Arbeit haben wir keine Geschichte.«

Wenn ich wolle, könnten wir nach dem Markttag noch ein Bier in einer alten Kneipe trinken gehen. Hier in Suhl? Nein, da gäbe es keine Arbeiterkneipe mehr, aber in Schwarza.

Mittlerweile ist es Freitag 13 Uhr. Das Rathaus leert sich. Holger Uske, den Pressesprecher, treffe ich auf der Straße, er will zum Friseur. Hat wenig Zeit. Ich frage ihn, wer die Baugenehmigung für das Betonkoloß-Einkaufscenter im Westen von Suhl erteilt hat? Er will wissen, ob er als Pressesprecher Uske oder als der einfache Mensch und Bürger Uske antworten solle. Natürlich sei es ein Schandfleck... aber nicht mehr feststellbar, wer die Genehmigung... Andererseits: die Arbeitsplätze, die künftigen Steuergelder für das Stadtsäckel... Kapitalkräftige Investoren seien manchmal neue Diktatoren... Aber er müsse zum Friseur, sonst wäre keine Zeit, nur Freitag nachmittags.

Zum guten Ende möchte ich mir die Stadt noch von oben anschauen und laufe hinauf zur Sternwarte. Ein kleines Haus auf dem Hoheloh. Daneben buckelt die Planetariumskuppel. Als Sterngucker vom Dienst arbeitet seit zwei Jahren der Astronomie-, Geographie- und Deutschgymnasiallehrer Michael Rebhan in der fünfundzwanzig Jahre alten Sternwarte. Und freut sich, »was wir

Suhler früher schon für feine Dinge gebaut haben.« Natürlich nicht soviel auf einmal wie heutzutage. Vierzig Kräne ständen zur Zeit unten in der Stadt. Schade, daß man die Stadt von hier oben aus nicht sehen könne. Aber es wäre eben eine Stern- und keine Stadtwarte. Doch die herrliche Umgebung, die sei auch ohne Fernrohr zu erkennen. »Und in Suhl guckt man allemal besser aus der Stadt raus als in die Stadt rein!« Rebhan, der außerberuflich seit dreißig Jahren der bekannteste Büttenredner des Suhler Carnevalsclubs ist, zeigt mir die Sternwarte. Der Enkel des Vaters der Raumfahrt Ziolkowski sei schon hier gewesen, »und Siegmund Jähn, der erste deutsche Kosmonaut aus der DDR«. Im Planetarium flimmert der Sternenhimmel auf. Leider, oder Gott sei Dank, wären hier noch keine multimedialen computergesteuerten Licht-, Laser-, Sternenshows wie in vielen Planetarien der alten Bundesländer möglich. Er müsse noch ordentlich, mit eigener Stimme und vom Pult aus den Lauf der Sterne erklären, das Licht eigenhändig ein- und ausschalten. »Das ist wie unten in der Stadt: Wir himmeln hier immer noch per Hand.«

Bevor es dunkel wird, gehen wir auf die Westseite der Sternwarte. Der Haselgrund mit jenem schrecklichen Betonklotz in Mäbendorf ist von hier aus nicht zu sehen. Ein Berg dazwischen. Aber wunderschön sieht es aus, als die Sonne dort im Westen rot untergeht.

Das Innere der Glaskugel

Im Viertausend-Seelen-Städtchen Lauscha, nahe der bayerischen Grenze im Thüringer Schiefergebirge gelegen, kann man entweder drunten im Tal ohne Anstrengung auf der Hauptstraße entlangspazieren, oder muß die rechts und links steil ansteigenden Seitengassen hinaufklettern. Im Tal, in dem die schieferverkleideten Häuschen wie blaugeschuppte Karpfen an den Stromleitungs-Angelschnüren hängen, sind an die fünfzig Weihnachtsbäume aufgestellt und mit großen goldglänzenden Glaskugeln geschmückt. Ich zähle die Kugeln am Baum und multipliziere. Rund dreitausend Christbaumkugeln. Alle in Einheitsgröße und in der Einheitsfarbe Gold. Oben am Berg, in den engen Seitengassen, hier stützen sich die Blaugeschuppten solidarisch aneinander, sehe ich kaum noch goldbehangene Bäume, dafür aber welche mit gläsernen Tieren, silbernen Zapfen, Geigen, Nüssen, Eiskugeln, Weihnachtsmännern, Teddybären. Alle filigran und keine Kugel doppelt.

Ich frage einen alten »Lauschner«, weshalb unten hauptsächlich Einheitsgold und hier oben künstlerische Vielfalt zu sehen ist. »Die goldenen Christbaumkugeln, das sind sozusagen die staatlichen Kugeln, die hat die Stadt drangehängt. Wahrscheinlich noch Restbestände aus DDR-Zeiten. Maschinengeblasen. Und die anderen, das sind die individuellen. Jeder Glasbläser hat dafür seine eigenen Muster.« Vor hundert Jahren hätte hier in jedem Haus mindestens ein Glasbläser gewohnt. An den Türen lese ich: »Kunstglasbläserei« – »Glasschmuck« – »Glasatelier« – »Christbaumschmuck« – »Puppenaugenfabrikation« – »Glasmalerei« – »Herstellung künstlicher Menschenaugen«...

Ich klingele wahllos bei »Walter Hähnlein. Christbaumschmuck. Mundgeblasen und handbemalt.« Ein Mann mit wirrem, an den Spitzen versengtem Vollbart, vorgebundener blauer Schürze, roten Wangen und Schweiß auf der Stirn öffnet. Er schüttelt den Kopf, nein, heute hätte er keine Zeit, mir zu zeigen, wie die Kugeln geblasen und bemalt werden, geschweige denn mit mir darüber zu reden. »Drei Wochen vor Weihnachten, kaum daß wir zum Essen, geschweige denn zum Reden kommen.« Aber dann redet er doch, zwar nur kurz, aber er läßt mich nicht einfach vor der Tür stehen. »Meine Frau und ich waren zu DDR-Zeiten Heimarbeiter, haben Kugeln für den ›VEB Lauscher Christbaumschmuck‹ hergestellt. Den Betrieb, früher 1 200 Beschäftigte, hat die Treuhand an die Konkurrenz aus dem bayerischen Rosenheim, die Firma Krebs, verkauft. Auch die hiesige Glashütte erhielt ein Westdeutscher. Und die Farbglashütte wurde an einen Handelsmanager aus Hongkong, nein, kein Schlitzauge, verscherbelt. Und ich habe eben meine kleine Heimarbeiterwerkstatt privatisiert, zu mehr reichte es nicht. Die Kugeln verkaufe ich meistens erst ab Herbst. Zuvor arbeiten und leben wir sozusagen auf Pump. Und wer pumpt heutzutage einem Glasbläser was? 2 000, jeder zweite Einwohner von Lauscha, lebte vor der Wende vom Glas. Heute vielleicht noch 500. Reich kannste nicht werden davon, aber leben kann man. Also, ich muß jetzt wieder.«

Er rät mir, die Technologie der Glasherstellung unten im Museum anzuschauen. Dort könne ich auch eine der armen alten Glasmacherstuben besichtigen, gleich am Eingang hätte der einheimische Rudolf Hoffmann, der das Museum von 1950 bis 1990 leitete, solch eine Werkstatt eingerichtet.

Im Museum finde ich weder Anschauungsmaterial über die Glasherstellung, noch die alte Glasmacherbude. Die Frauen am Einlaß tun verwundert.

Das müßte der Hähnlein doch wissen, daß dem Museum seit 1990 eine neue Direktorin, eine fremde Künstlerin aus Westberlin vorstehe. Und die stelle eben nur Glaskunst aus, keine soziale Glasbläsergeschichte. Im Verkaufsregal liegen teure Bücher über Lauschaer Glaskunst. Für den symbolischen Preis von 1 D-Mark wird eine mit vielen historischen Aufnahmen versehene Broschüre »Zur sozialen Lage der Werktätigen in der Lauschaer Glasindustrie unter den Bedingungen kapitalistischer Produktionsverhältnisse« angeboten.

»Die stammt noch aus sozialistischen Zeiten, einige Besucher aus dem Westen haben uns schon vorgeworfen, daß es nie zur Einheit des deutschen Volkes kommen könnte, wenn wir hier immer noch solche kommunistische Propaganda vertreiben würden.«

Ich werde versuchen, über die Lauschaer Glasgeschichte ohne Verwendung des Begriffes »kapitalistische Produktionsweise« zu berichten.

1597 hatten der schwäbische Glasmeister Hanß Greyner und der aus Böhmen stammende Christoff Müller im Tal des Lauschabaches eine Glashütte errichtet. Sowohl die Hütte – die »Mutterglashütte Thüringens« – als auch die Familien der Greyner und Müller vergrößerten sich sehr schnell. Heute leben in Lauscha 350 Greiner- und 120 Müllerfamilien. Zur Unterscheidung wurden amtlich bestätigte Doppelnamen eingeführt, und so entstanden die Greiner und Müller mit Zusätzen wie Hüpfer oder Bleifrosch, Spargelstange oder Mops. Die Mutterhütte, in der die Meister und Gesellen vor allem Trinkgefäße herstellten, konnte schon bald all die Greiners und Müllers nicht mehr ernähren. Notgedrungen begannen die Glasarbeiter zu Hause vor der Lampe, einem mit Rüböl oder Talg gespeisten Brenner, zuerst Glasperlen, später Glasfiguren, künstliche Menschenaugen, Gefäße und Christbaumkugeln zu blasen. Verleger aus der Sonneberger Kaufmannschaft vertrieben die Glasware und diktierten den Glasbläsern in Lauscha Preis, Form und Abnahmemenge. 1867 erhielt die Stadt eine Gasanstalt, die Lampen konnten umgestellt werden, und Lauscha überschwemmte erst Deutschland, später auch Europa und die USA mit Glasperlen und Christbaumschmuck. Erst nach 1945 erhielten die Lauschner im bayerischen Rosenheim Konkurrenz. Dort hatte sich die aus Gablonez kommende Familie Krebs, Mutter und Sohn Helmut, niedergelassen und eine Christbaumschmuckfabrikation gegründet, die sich bald bis nach Amerika ausbreitete. Heute werden bei Krebs in Rosenheim täglich rund 250 000 maschinengeblasene Kugeln produziert und im Krebs-Werk Roswell in New Mexiko etwa 150 000. In Lauscha vereinigten sich die Glasbläserfamilien 1959 zu einer Produktionsgenossenschaft. In den achtziger Jahren eroberten die Lauschaer den osteuropäischen und kapitalistischen Markt auch mit billigem maschinengeblasenem Baumschmuck. Nach der Wende, die Preise waren von den Lauschnern nun nicht mehr zu halten, und die

Osteuropäer zahlten nicht, kamen mit den bundesdeutschen Kaufhausketten, die sich den Markt der ehemaligen DDR aufgeteilt hatten, erstmals auch Krebs-Christbaumkugeln aus Rosenheim nach Ostdeutschland.

1991 verkaufte die Treuhand die Lauschaer Christbaumkugelproduktion an den Konkurrenten aus Rosenheim. Der stoppte erst einmal die maschinengeblasene Kugelproduktion, denn die hatte er in Rosenheim selber, reduzierte von 1 200 Beschäftigten auf 160 und ließ eine neue Werkhalle bauen, in der vor allem die ehemaligen Heimarbeiter, nun nicht mehr unkontrollierbar zu Hause für sich, sondern zusammen in einem Raum, mundgeblasenen und handbemalten Christbaumschmuck effektiver als früher herstellen: hochwertigen, handwerklich und künstlerisch wertvollen Glasschmuck. In Lauscha bekam Krebs, was er in Rosenheim nicht hatte: erfahrene Glasbläser, die ihre Kunst seit drei Jahrhunderten von Generation zu Generation weitergegeben haben.

Allerdings hörte mit der deutschen Vereinigung der bis dahin in der DDR geschätzte, in der alten Bundesrepublik aber längst zu Grabe getragene Beruf des künstlerisch kreativen Glasbläsers formell zu existieren auf. Er stand nicht in der Anlage zur bundesdeutschen Deutschen Handwerksordnung. Seitdem kämpfen die Lauschner mit Hilfe von hiesigen Politikern darum, daß ihr Beruf anerkannt wird und sie Glasbläser-Lehrlinge ausbilden dürfen.

Unten in der Farbglashütte, so verkündet es ein Schild, sind Glasbläser zu besichtigen. Für 1 D-Mark führt ein Kollege Reisegruppen und Einzeltouristen durch die 1853 gegründete Hütte. Zuerst historische Informationen, dann die Mitteilung, daß 1990 in der Hütte hundertzwanzig Leute gearbeitet hätten, mittlerweile wären es noch vierzig. Aber ein Investor aus Hongkong sei erschienen. »Wir hoffen, daß es aufwärts geht.« Danach die schriftliche Ermahnung: »Für Verbrennungen bzw. Verletzungen aufgrund von Nichtbeachten der Hinweise übernehmen wir keine Haftung!«

Mit mir streunen noch sechs Besucher durch die Hütte. Bestaunen die Glutmäuler des Ofens. Davor die Glasbläser. Mit ihren langen Pfeifen tauchen sie in das rotglühende flüssige Glas ein, balancieren die Tropfen, blasen sie zu durchsichtigen Gebilden auf. Oder sie erhitzen die dreißig Pfund schweren Glaskörper, nehmen die glühenden Gebilde zu zweit auf die Pfeifen und ziehen sie rennend und blasend zu zehn oder zwanzig Meter langen oder noch längeren Glasröhren auseinander. Andere blasen das Glas in einer Form auf, die ein junger Mann, Pferdeschwanz und Ring im Ohr, mit den Händen zusammenhält, während das Glas glühend und rauchend in der Form die Gestalt einer Wasserpfeife annimmt. Die Besucher fotografieren die schwitzenden Männer, holen ihre Videokameras aus der Umhängetasche.

Ich stelle mich abseits. Entdecke die »Hüttenkasse«. Man kann Glasscherben rausnehmen und Geld hineinlegen. Später frage ich die Männer am Glasofen, was sie verdienen. Knapp dreizehn DM brutto in der Stunde, das wären um die 1 400 monatlich auf die Hand. Einer brubbelt: »Am liebsten würde uns der Chef aus Hongkong für 'ne Schale Reis arbeiten lassen.«

Ein Bus mit Touristen ist angekommen. Ältere Herrschaften. Sie drängeln sich um die Glasarbeiter. »Schön warm hamses.« Der mit dem Pferdeschwanz stöhnt: »Es fehlt nur noch, daß die uns wie die Affen im Zoo mit Bananen füttern.« Ich frage ihn, ob sie vor 1990 auch schon zur Besichtigung freigegeben waren. »Nee, da haben wir nur gearbeitet. Da konnten wir vom Glas, das wir gut verkauften, noch leben. Heute können wir und das Glas, so sagen es die Chefs, nur noch von den Touristen leben.«

Den neuen Chef, den Handelsunternehmer für Kleinelektronik aus Hongkong, kann ich nicht sprechen. Der sei zur Zeit in Asien, sagt ein Angestellter in einem grauen Dederonkittel. Man munkele, daß er dort billige Glaswaren aufkaufe und in Lauscha vertreiben wolle. Neu sei das nicht, ein Geschäft nebenan würde auch schon Billigglas aus Böhmen und Polen verkaufen. Und kein Kunde ahne, daß es nicht aus Lauscha stamme. Der Bürgermeister möchte deshalb im Stadtrat ein Schutzgesetz beschließen lassen. Danach dürfte in Lauscha nur in Lauscha hergestelltes Glas verkauft werden.

Und sollte einer doch Billigprodukte anbieten, dann müßte er verpflichtet werden, die Ware als ausländische zu kennzeichnen. »Aber wo wir doch jetzt die freie Marktwirtschaft haben, glaube ich nicht, daß solch ein Gesetz rechtens ist.« Und wieder wird ein Bus Touristen entladen.

Am übernächsten Tag, zwei Wochen vor dem Weihnachtsfest, hat Walter Hähnlein doch noch »fünf Minuten« Zeit für mich. Läßt mich ein in das kleine Haus. Oben Wohnung, unten Werkstatt und Lager. Die Treppen und Flure sind mit Unmengen von Kartons verstellt und auch in der Werkstatt ist Walter Hähnlein hinter den Kartonstapel kaum zu sehen. An einer langen aufgebockten Tischplatte sitzen zwei Frauen und bemalen große, auf Nägel gesteckte Christbaumkugeln. Die schwarzhaarige, zierliche malt sehr naturalistisch Tannen, Schnee, Berge und Häuschen auf blaue Kugeln. Die blonde, gewichtigere zaubert mit Nitrofarben eisähnliche, glänzende rosa und violette Strukturen. Nach wenigen Minuten schmerzt mir der Kopf vom Gestank der Farben.

Walter Hähnlein hat den Brenner, fachmännisch Lampe genannt, angezündet. Zischend und fauchend flammt sie auf. In dem gelb-blauen Drachenfeuer erhitzt der Bärtige ein winziges bauchiges Glasstück und bläst es sekundenschnell zu einer hauchzarten gleichmäßig gerundeten durchsichtigen Kugel. Ohne Pause die nächste. Und die übernächste. Seine Augen sind rot vom Feuer. Nun müßten die Kugeln nur noch innen verspiegelt, in Farbe getaucht, bemalt, der Spieß abgetrennt, die Hakenhütchen aufgesetzt und verpackt werden. »Und verkauft!« ergänzt lachend die Zierliche. Sie spricht kein Lauschaer Platt. Sie stammt aus Ungarn. Ist 1971 mit hunderten ungarischen Mädchen in die DDR gekommen. »Weil die damals zu viel Arbeit, aber nicht genug Arbeitskräfte hatten.« Der Glasbläser lacht laut und hämisch. Fünfzehn Jahre lang hatte Magdalena im Röhrenwerk Neuhaus zuerst Transistoren und danach Mikrochips hergestellt. Zwischendurch den Hähnlein geheiratet. Der zweiundvierzig Jahre alte Hähnlein ist in der fünften oder sechsten Familiengeneration Glasbläser. Hat von '68 bis '69 gelernt. »Danach bin ich aber fünfzehn Jahre lang nach Steinach in die Leuchtperlenfabrik an die Preßmaschine. Habe dort in drei Schichten gearbeitet und viel mehr verdient als ein Glasbläser.« 1987 hätten er und seine Frau Magdalena hier in ihrer Werkstatt als Heimarbeiter mit der Glasbläserei angefangen. »Ich seit fünfzehn Jahren keine Glaspfeife mehr im Maul und Magdalena noch niemals Glas bemalt. Aber inzwischen...« Er zeigt mir, wie er im Feuer eine Glocke formt.

»Das Glas lebt nur Sekunden. In der Zeit kann man es formen, es ist etwas Lebendiges, das Glas.« Er schlägt die Glasglocke an. Sie tönt hell und zart. In seinem Musterzimmer stehen silberne Vögel mit venezianischem Staub auf dem Gefieder, pausbäckige Weihnachtsmänner, Eiszapfen, vergoldete Nüsse... Das meiste davon hat er erst nach der Wende ausprobiert. »Zu DDR-Zeiten waren meine Frau und ich als Heimarbeiter sozusagen Arbeitnehmer im ›VEB Christbaumschmuck‹. Selbständige Glasbläser wurden nicht mehr zugelassen. Wir bekamen das Material vom Betrieb, die Muster, naja und 's Geld. Wenig genug. Wenn ich auf 600 Mark kommen wollte, mußten wir am Tag schon unsere fünfhundert Kugeln abliefern, Arbeitszeit bis in die Nacht. Und kreativ sein, was eigenes ausprobieren, konntste auch nicht... Nach der Wende haben wir uns dann gesagt: Wenn schon Tag und Nacht arbeiten, dann wenigstens für uns! Und sind eben unsere eigenen Unternehmer geworden. Vorerst Christbaumschmuckproduzenten ohne Kunden! Dann kamen die ersten Käufer, auch Wessis, die glaubten, hier noch was besonders billig abzustauben, aber wir haben die Kugeln nicht billig abgegeben, auch als wir kaum noch 'ne Mark in der Tasche hatten. Die Käufer kamen im nächsten Jahr trotzdem wieder.«

Urlaub hätten sie seit fünf Jahren noch keinen machen können. Seine Frau lächelt. »Wir träumen davon, das ist eine schöne Vorfreude. Es geht von Jahr zu Jahr besser.« Walter Hähnlein sucht im Glasscherbenhaufen nach einer schon verspiegelten zerbrochenen Glaskugel. Findet keine. »Sonst hätte ich Ihnen die zwei Seiten der bemalten Glaskugel gezeigt: außen glänzend, aber wenn man reinschaut...«

Bevor ich gehe, sagt er, daß die alten DDR-Chefs des Christbaumschmuckbetriebs wohl keinen Arsch in der Hose hatten, die Sache hier selbst zu übernehmen. »Die kannten die Kunden in aller Welt, hatten die besten Glasbläser weit und breit, aber nee, haben abgewartet, bis der Krebs, der Konkurrent aus Rosenheim, sie kauft und sie nun dort schön strammstehen, Geld verdienen, aber das Risiko nicht tragen müssen. Und der Krebs, der schaffte sich nicht nur den unliebsamen Ostkonkurrenten vom Halse, der erhielt hunderte hervorragend ausgebildete Glasbläser, wie es sie in

Bayern kaum noch gibt. Der Krebs produziert in der neuen Halle mundgeblasenen und handbemalten Lauschaer Christbaumschmuck. Sieht übrigens gut aus, ordentliche Qualität, das muß man ihm lassen.» Allerdings würde es zum Himmel schreien, wie er die Leute ausnutze. Ramona, er zeigt auf die unentwegt Eiskugeln bemalende blonde Frau, hätte bei Krebs gearbeitet. Nicht mal zehn Mark brutto in der Stunde. Und Überstunden und Sonnabendarbeit. »Ich habe dann ein Kind bekommen, ein Jahr Erziehungsurlaub, anschließend die Kündigung», ergänzt sie, und beide reden nicht gut von diesem Wessi.

Einen Tag später empfängt mich Michael Krebs.

Ein freundliches, offenes Kindergesicht. Drei künstliche Tannen stehen in dem kleinen Besucherzimmer, in dem wir uns gegenübersitzen. Sie sind so dicht mit gläsernen Trompeten, Mickymäusen, Nikoläusen an Fallschirmen, orientalischen Märchenfiguren und traditionellen Kugeln geschmückt, daß kaum noch Nadeln zu sehen sind. »Wir haben rund 4 000 verschiedene Serien produziert.« Er sagt es stolz, erzählt, daß er in Bayern sehr erfolgreich in der Autobranche tätig gewesen sei, nie in den Osten wollte. »Einmal, weil ich nie zuvor einen Gedanken an die Einheit verschwendet habe, die Grenze war für mich so unverrückbar wie die zu Frankreich, und zum zweiten lernte ich im Herbst '89 die ersten Leute aus der DDR kennen. Das waren welche, die über Ungarn geflohen waren. Ich stellte sie in meiner Autobude ein, aber die glaubten immer noch ans Paradies Westen, und von Arbeit hielten die nicht viel.«

Ich unterbreche ihn und sage, daß man in Lauscha vom Unternehmer Krebs aus Rosenheim erzählt, daß er hier endlich seinen einzigen ernsthaften Konkurrenten geschluckt hätte und obendrein die Leute für Billiglöhne arbeiten ließe. Er ist verwirrt, das hätte ihm noch niemand gesagt, ich sei der erste. Und dann versucht er zu erklären, daß die Lauschaer eigentlich keine Konkurrenz für die Firma seines Vaters gewesen wären. »Die Regierung schützte unsere Produktion vor dem Billigangebot aus Lauscha mit Einfuhrbeschränkungen. Die durften nämlich nur für soundsoviel Millionen Mark Christbaumschmuck in den Westen Deutschlands liefern, kein Stück mehr. Das war damals politisch nötig, um unseren Markt in der Auseinandersetzung der Systeme zu schützen.« (Hier sei eingefügt, daß Krebs seine Rosenheimer Christbaumkugeln schon 1990 mit den SB-Ketten der Handelskonzerne auf dem ungeschützten Ostmarkt verkaufte. Die »Frankfurter Allgemeine« schrieb dazu: »Hier finden die neuen Modefarben noch nicht soviel Anklang, da, unter anderem, die über Jahre hinweg geschmacksbildenden Anregungen der Frauenzeitschriften fehlten. Lieber hält man sich hier an die Tradition und hängt silberne Kugeln in den Baum, rote und goldene.«)

Weiter mit Michael Krebs. Was den Lohn beträfe: In den meisten bayerischen Glasfabriken gäbe es überhaupt keine Tarife, lediglich Akkord, er dagegen hätte hier sogar einen eigenen Haustarif. Natürlich ohne Gewerkschaften, aber mit dem Betriebsrat abgesprochen. Nein Gewerkschaften und Klassenkampf, das sei jetzt in der Aufbruchphase nicht nötig. »Wir sitzen doch alle in dieser neuen Halle im gleichen Boot.«

Ich möchte gern den neuen, mit acht Millionen DM gebauten Betrieb sehen. Doch Michael Krebs sagt, daß er eigentlich niemand reinschauen lassen wolle... Also reden wir weiter über Michael Krebs, den Wessi-Unternehmer im Osten. Siebenunddreißig Jahre alt. Seit 1992 in Lauscha. Damals zwei Kinder. Inzwischen drei und ein Haus in Lauscha. Vier Kinder sollen es werden. »Bei dreien ist eins immer ein Einzelgänger.« Er hätte auch drei Geschwister, ein Bruder würde inzwischen das Rosenheimer Unternehmen leiten, der andere den Krebs-Christbaumschmuckbetrieb in den USA.

Tage später, beim zweiten Anlauf, führt er mich doch durch die neue Halle. Ein geräumiger heller Flachbau. Weder Maschinen, noch Arbeiter noch Verpackungskartons müssen sich drängeln. Zuerst sehe ich einen an die zwanzig Meter langen, mit einer Weihnachtsmarkt-Landschaft bemalten Stoff an der Wand. Der würde die Fenster verdunkeln, denn die Glasbläser störe das Licht. Hätte man zuvor beim Bau nicht bedacht, es wären eben richtige Künstler, die hiesigen Glasbläser. Auch Frauen sitzen vor den fauchenden Gaslampen und formen die Kugeln mit ihrem Blasebalg Lunge. Ohne aufzuschauen. Sie würden noch nach Akkord arbeiten. Und der Stundenlohn? Ziel sei es, so der Jungunternehmer, daß jeder über zehn DM brutto in der Stunde verdiene. Fast soviel wie in Rosenheim die Arbeiter an den Glasautomaten... Er geht mit mir in die Mitte der Halle. Dort hängt eine Tafel mit der neuen Versuchs-Lohnform. Grundlohn und dazu wird die Übererfüllung an die Arbeiter unterschiedlich verteilt. Arbeitsmenge, Sorgfalt, Güte, Aktivitäten werden von »Anforderungen nicht erfüllt« bis »Anforderungen in der Regel übertroffen« mit Punkten bewertet. Je mehr Punkte, um so mehr Geld.

Das Eintauchen der Kugeln in die Farbe geschieht automatisch. Gute Entlüftung. Auch bei den Malerinnen kaum Farbgeruch. Alles junge Frauen.

Michael Krebs läßt mich allein, damit ich die Frauen befragen kann. Porzellanmalerinnen aus den bekannten, fast auf Null gefahrenen weltbekannten Thüringer Porzellanfabriken sind dabei. Ja, sie wären dem Chef dankbar, daß er fast zweihundert Leuten Brot und Arbeit gegeben habe. Porzellanmaler und Glasbläser haben sonst keine Chance. Jana Richter ist über zwanzig. Kinder? Nein, Kinder könne sie sich jetzt nicht leisten. »Von den rund 1 200 DM Lohn kann ich nicht schon fast 200 für den Kindergarten bezahlen!«

Wieder unterm mustergeschmückten Tannenbaum, sagt Michael Krebs, daß er inzwischen seine Meinung über die Ostler geändert hätte. »Die Leute hier sind fleißig, zäh und willensstark.« Ich sage ihm, daß er die Mitverantwortung für die hier vierhundert Jahre alte Glasbläsertradition übernommen hat. »Diese Region hat immer nur vom Glas gelebt.«

Ja, aber er wäre kein neuer Wohltäter. Zwei plus zwei sei immer noch vier. »Und wenn es ökonomisch nötig sein sollte, hundert Leute zu entlassen, um die Firma zu erhalten, werde ich eben hundert entlassen! Tradition ist was Moralisches, und Glas ist was Materielles.«

Auf dem Rückweg schaue ich noch einmal bei Walter Hähnlein rein. Er ist mit seiner Frau allein. Auf dem Gaskocher steht ein alter Waschkessel mit heißem Wasser. Aus einem an der Wand hängenden Plastekanister füllt er mit einer Pipette Silbernitrat in die durchsichtigen Kugeln. Seine Frau gibt ein Reaktionsmittel dazu, schüttelt die Kugeln im Waschkessel bis sie silbern spiegeln.

Gummihandschuhe. Schmutz und Dämpfe. Er will mir wieder die Innenseite der glänzenden Weihnachtskugeln zeigen, aber immer noch sind keine Scherben da. Es klingelt. Eine Frau kommt mit einem großem Korb duftender Weihnachtsplätzchen. »Eine Nachbarin. Sie weiß, daß wir nie Zeit haben, Weihnachtsplätzchen zu backen. Aber was wäre ein Fest ohne selbstgebackene Plätzchen? Sie schenkt uns jedes Jahr welche.«

Nachts um ein Uhr, als ich aus der Lauschaer »Western-Gaststätte« zurückkomme, brennt bei den Hähnleins in der Werkstatt immer noch Licht. Er sitzt vor der Flamme und bläst Christbaumkugeln. Sie malt. Ich klingele nicht.

Vor ihrem Haus sind Kugeln vom Baum gefallen. Eine ist zerbrochen, gibt ihr Inneres preis. Anstelle des äußeren Lichterglanzes sehe ich innen nur eine matte, blinde und kalte Silberschicht. Die zwei Seiten der Christbaumkugeln, die mir Walter Hähnlein zeigen wollte.

Ich erinnere mich, daß mir ein Mitarbeiter bei Krebs erläutert hatte, der neueste Trend bei Christbaumschmuck gehe zu gestalteten Weihnachtsbäumen, den sogenannten Themenbäumen. Zum Beispiel müßte der Musikbaum mit zierlichen gläsernen Musikinstrumenten, goldenen Tonleiterketten, gerollten Notenblättern und einer beweglichen Kapelle geschmückt werden. »Ohne Tanne kostet das mindestens tausend Mark. Ein Weihnachtskonzert für Besserverdienende.«

Ich hänge die noch heilen, unthematischen Hähnleinschen Weihnachtskugeln, die silbrigen Zapfen und Nüsse, die Vögel mit dem Gefieder aus venezianischem Staub wieder an die kleine Fichte. Muß daran denken, was mir der neunzigjährige Glasbläser Fritz Leipold Büttner, der bis zu seinem achtzigsten Geburtstag an der Lampe saß, in seiner ruhigen, wortkargen Lauschaer Art gesagt hat: »Wenn in Lauscha mal die Lampen ausgehen, weil's keine Aufträge mehr gibt, dann ist das für die Lauschner heute schlimmer als für unsereinen damals. Jeder von uns hatte außer dem Glas noch ein Stück Acker für Kartoffeln, mindestens eine Ziege im Stall und meist auch ein Fangeisen im Schuppen, um sich einen Hasenbraten aus dem Wald zu holen. Aber heute, was haben die Glasbläser heute? Außer ihrem Glas? Nichts. Und wenn die Preise für die Kugeln wegen der Billigware aus Asien sinken, dann werden die Glasbläser hier, um ihren Lebensunterhalt weiter verdienen zu können, auch heute nicht schneller arbeiten, das geht gar nicht, sie werden jeden Tag länger arbeiten. Bis Mitternacht. Und die Kinder auch.«

Aus Lauscha zurück, rufe ich die Thüringer Außenstelle der »IG Chemie, Papier und Keramik« in Jena an, erkundige mich nach den Tarifen für die Glasbläser. Als ich der Gewerkschaftsfrau am Telefon von Lauscha und der neuen Fabrik des Michael Krebs erzähle, unterbricht sie mich. Den feinen Herrn kenne sie. Übervolle Auftragsbücher, Sonnabendarbeit. Kein Urlaub im Sommer. Überstunden... Aber wehe, ein Gewerkschafter verlange mehr als diesen Billiglohn... Ich sage ihr, daß er zur Zeit ein neues Lohnsystem einführt. Grundlohn und dazu bei Übererfüllung bis zu dreißig Prozent bei entsprechender Punktebewertung. Und sie entgegnet mir in ihrem lustigen, freundlichen Dialekt (»Ich komme aus dem Badischen«): »Ja, ich weiß, wer am Tag mehr als einmal aufs Scheißhaus muß, der kriegt eben keinen Pluspunkt. Kennen wir im Westen alles schon.«

Ich frage, wie sie ihren Weihnachtsbaum schmückt. Und sie schwärmt: »Kein Lametta, nur das Grün der Nadeln. Dazu weiße Schleifen und einfache weiße Kugeln. Wunderschön...«

»Kugeln aus Lauscha?«

»Ja, Kugeln aus Lauscha. Ich sage den Leuten immer: Kauft die Waren aus dem Osten. Jede Christbaumkugel hilft.«

»Auch die vom Krebs?«

»Natürlich, auch die vom Krebs.«

Ein Tag im Leben des Tschingis Aitmatow

Am Sonntagvormittag war Aitmatow von der Leipziger Buchmesse aus nach Thüringen gefahren. »Durch weite Täler, dunkle Wälder und über Schneeberge«, erzählt der Siebenundsechzigjährige am Abend seinen vierhundert Zuhörern in der Meininger Schloßkirche. Und im nächsten Satz preist der Kirgise – »ein Europäer in Asien und ein Asiate in Europa« – den »wundervollen Tempel«, in dem man sich zu der Lesung versammelt hat. Und danach prophezeit, besser beschwört der Autor, dessen Bücher in neunzig Sprachen übersetzt sind: »Solange wir Berge, Täler, Wälder und die Schönheit der Tempel lieben – und lieben heißt achten –, habe ich Hoffnung für unseren Planeten.«

Als er am Nachmittag in der Kleinstadt Meiningen ankam – der Bertelsmann-Buchclub verwendet neuerdings seine Gelder auch, um kleinen ostdeutschen Städten ansonsten unbezahlbare Begegnungen mit Weltautoren zu finanzieren – sah der Kirgise, im Zweitberuf Botschafter seines Landes in Brüssel, müde aus. Eine Tasse schwarzer Tee. Und noch eine. Sein deutscher Freund und Übersetzer Friedrich Hitzer entschuldigt Aitmatow beim Interviewer. Innerhalb einer Woche Lesungen in Düsseldorf, Essen, Recklinghausen, Gütersloh, Leipzig, Weimar und Erfurt. Meiningen ist die letzte Station. Am nächsten Tag wird er nach Kirgisien fliegen, wo sich das neue Parlament versammelt – Aitmatow erhielt als Abgeordneter neunzig Prozent der Wählerstimmen – und in dem er sich, so meldete es die internationale Presse vor ein paar Wochen, um das Amt des Staatspräsidenten bewerben wird.

»Herr Aitmatow, waren Ihre Bücher und die anderer sowjetischer Autoren, wie es Gorbatschow sagte, die ›Muttermilch der Perestroika‹?«

»Zeitlich stimmt der Vergleich nicht, denn die ersten Bücher, in denen wir auch für den Sozialismus die Freiheit der Persönlichkeit einforderten, haben wir lange vor der Geburt des Kindes Perestroika veröffentlicht. Während der Perestroika hatte die Literatur das ihre bereits getan, bestenfalls waren Schriftsteller wie Rasputin und ich damals noch als Berater bei Gorbatschow.«

»Sollten heute, nach der historischen Niederlage des Sozialismus, seiner Verbrechen und seiner Visionen, Schriftsteller wieder vordenken und Utopien für den Umbau der Welt entwickeln?«

Er lenkt ab: »Wenn ich in der früheren DDR lese, in der ich schon ein Millionen-Publikum hatte, lange bevor meine Bücher in der alten BRD von kirchlichen Menschen und intelligenten Hausfrauen und erst danach von den Feuilletons entdeckt wurden, wenn ich hier lese, spüre ich eine große Nähe. Denn wir gehören zu den Menschen, die sich nach dem Untergang ihres Schiffes ans Ufer gerettet haben und nun ein neues Leben versuchen. Aber das muß jeder für sich tun, das kann kein Schriftsteller gleich für alle miterledigen.«

»Der tragische Held ihres neuen Romans ›Das Kassandramal‹ ist ein sowjetischer Genforscher, der später zu einem kosmischen Einsiedler, zum Warner der Menschheit wird.«

»Er wollte den göttlichen Schöpfer übertreffen, indem er im Staatsauftrag genetisch manipulierte Retortenkinder für die Haltung in speziellen sowjetischen Heimen züchtete. Willfährige Wesen, die lediglich wie Menschen aussahen, aber nichts Heiliges mehr besaßen, weder Vater noch Mutter noch Freunde. Sie hatten nur ihren Konstrukteur und einen Staat, der den Konstrukteur bezahlte. Mit seiner ersten Amtshandlung verbot Gorbatschow Versuche dieser Art in der Sowjetunion.«

»Solche Versuche sind heute nicht auf Systeme begrenzt. Verkörpern Sie mit Ihrer Warnung im neuen Roman also doch eine Art Seherrolle?«

»Nein. Die neue Freiheit verlangt von jedem Menschen auch eine neue größere Verantwortung für sein Handeln, für Gutes oder Böses. Schriftsteller sollten Geschichten über den Menschen aufschreiben. Und politische und gesellschaftliche Veränderungen den Politikern und Philosophen überlassen.«

»Sind sie deshalb Diplomat, Abgeordneter und Präsidentschaftskandidat geworden?«

»Die Sache mit dem Präsidenten ist eine Falschmeldung. Ich habe das niemals gesagt!«

»Aber in den zuvor sozialistischen Ländern sind Schriftsteller-Präsidenten keine Seltenheit mehr.«

»Ich weiß. Unter meinem verehrten Kollegen Vaclav Havel in Prag verkommen allerdings weder der Schriftsteller noch die Politik durch dieses Amt der Macht. Aber beim ehemaligen georgischen Präsidenten, dem Dichter Gamsachurdia, sah das schon anders aus. Ein Schriftsteller als Präsident garantiert nicht automatisch auch eine humanistische Regierungspolitik. Politik ist eine schmutzige Sache. Nichtsdestoweniger drängeln sich alle an die Tröge der Politik. Je schmutziger die Politik, um so höher der Einsatz in diesem Glücksspiel. Ich bin kein Glücksspieler.«

»Die Kranken und Kinder in ihrem Heimatort Scheker im nordkirgisischen Talas-Tal frieren in ungeheizten Spitälern und Schulen wegen der fehlenden russischen Erdgaslieferungen. Die Bauern verelenden, weil korrupte Funktionäre Pflüge und Traktoren verschieben. Sie alle hoffen auf ihren weltbekannten Aksakal, jenen weißhaarigen, hochgeachteten weisen Mann, auf den Retter Aitmatow.«

»Leider warten viele Menschen in der ehemaligen UdSSR immer noch auf ein Wunder. Aber das einzige Wunder werden Arbeit und Verantwortung sein.«

Der Diplomat Aitmatow schaut während des Gesprächs immer wieder betont undiplomatisch auf seine Uhr. Will sich noch ausruhen vor der Lesung. Die Begegnung mit seinen Lesern ist ihm wichtiger als Gedrucktes in der Zeitung. Er entschuldigt sich und geht auf sein Zimmer.

Friedrich Hitzer bleibt und trinkt Bier. Erzählt, daß die früheren sowjetischen Autoren, gleich ob in Rußland oder Kirgisien, ob Granin oder Aitmatow, heute zu Hause keine Säle mehr füllen, daß Aitmatows »Kassandramal« als Buch zuerst außerhalb Rußlands erschienen ist, weil die Russen für das Überleben eben Lebensmittel kaufen – und Bücher gehören jetzt nicht mehr wie früher dazu. »Und manche Kirgisen verlangen von ihrem Tschingis-Aka, daß er nicht mehr in Europa, sondern wieder im Talas-Tal wohnen und die alten Legenden aufschreiben müsse. Aber

Aitmatow trägt Kirgisien immer ›im Handgepäck‹ mit sich herum. Und ein fanatischer Nationalist war er noch nie, er ist heute mehr denn je ein toleranter Kosmopolit.«

Eine halbe Stunde vor der Lesung erscheint Aitmatow. Ausgeschlafen, helles Jackett und Schlips. Noch ein Butterbrot und zwei Tassen Tee. Dann der Beifall seiner Leser, als er die ehemalige Schloßkirche betritt. Er sagt das von den Bergen, Wäldern, Tälern und dem schönen Tempel und spricht über sein neues Buch. Leise, zurückhaltend. Ein Erzähler, der dem Wort mehr traut als den lauten Gesten.

»Und die Schwangeren trugen schon das Kassandramal auf der Stirn, das Zeichen dafür, daß sich ihre ungeborenen Kinder weigern, auf die von der Katastrophe bedrohte Welt zu kommen. Und die Wale stürzten sich zu Tausenden aus dem Wasser ans tödliche Land. Doch niemand auf der Erde wollte diese Botschaften annehmen, die ihnen der auf einer Raumstation büßende ehemalige sowjetische Genforscher schickte.«

Nein, Aitmatow erzählt auch heute nicht nur so, wie er es vom Schriftsteller verlangt: einfache Geschichten über einfache Menschen. Und er ist auch nicht nur ein Botschafter der Politik. »Die Menschheit steht vor der Apokalypse. Doch die Katastrophe wird nicht von außen ausgelöst werden, nicht durch eine Sintflut, nicht durch Verstrahlung oder Wirbelstürme. Die Apokalypse wächst im Menschen selbst, sie reift in uns durch den schändlichen Umgang mit der Natur, durch unsere wachsende Gewaltbereitschaft, durch unsere moralische und ethische Zersetzung.«

Nach zwei Stunden verabschiedet er sich. Aber in dem Kirgisen steckte kein Russe (»mich haben zwei Mütter erzogen, Kirgisien und Rußland«), wenn nach dieser Ankündigung nicht noch ein Pososchok – ein letzter symbolischer Schluck –, verbunden mit einem langen Toast, folgen würde. Und er erinnert an eine Beschwörung, die die Bauern früher beim Aussäen sprachen: »Sie gaben jedem Korn einen Wunsch mit in die Erde und baten darum, daß die Ähren später diesen Armen, jenen Kranken, ein Kind und seine Mutter sättigen mögen. Im menschlichen Leben hatte alles einmal einen großen, göttlichen Sinn. Den müssen wir wiederfinden, um die Apokalypse doch noch zu verhindern.«

Zum Signieren seiner Bücher bittet er die hundert Drängelnden, sich alle von links anzustellen, in einer »ordentlichen Reihe wie an einer englischen Bus-Station«. Und sie tun es.

Am Ende kommt Aitmatow als letzter zum Abendessen in das Restaurant. Friedrich Hitzer stellt für ihn einen Stuhl an die schmale Stirnseite des langen Tisches. »Sie sind heute Abend hier der Älteste, der Aksakal.« Aitmatow lächelt, trinkt Tee und erzählt, daß in manchen Dörfern Kirgisiens die Aksakale wieder Recht nach früherer Sitte sprächen. Nein, man dürfe keine alten Formen zu neuem Leben erwecken, müsse aber über deren Inhalt, ihren Sinn und die Moral nachdenken.

Er geht als erster. Muß noch Koffer packen und sich auf die lange Reise vorbereiten. Morgen der Flug nach Kirgisien. Übermorgen die Parlamentstagung.

Und was würde Aksakal Aitmatow sagen, wenn die Abgeordneten ihn bäten, doch Präsident des Volkes zu werden, das er durch seine Bücher in aller Welt bekanntgemacht hat?

Sag Sascha, nicht Alexander!

Es war nicht nach dem fünften oder sechsten oder zehnten oder elften Wodka, sondern noch vor dem ersten, als der Arzt Alexander Komarow aus dem kalten schmutzigen Kamyschin – gelegen zwischen Saratow und Stalingrad an der Wolga – zu mir sagte: »Ich heiße zwar Alexander, aber meine Frau, meine Mutter, mein Töchterchen und meine Freunde nennen mich Sascha. Sag also Sascha zu mir!«

Und es war im Oktober '89. Im Oktober, als das so war.

Vor zwei Wochen schrieb Saschas zehnjährige Tochter Lena an unsere elfjährige Tochter Ulrike: »Hallo Uli, wir bekamen euer schönes Päckchen und deinen Brief gleichzeitig. Vielen Dank für die schönen Sachen. Alles ist sehr gefallen. Das Päckchen kam am 14. Januar, das war gerade ein alter russischer Feiertag: der Kirche beginnt neues Jahr. In diesem Jahr bei uns sehr viel Schnee ist. Und der Frost ist jeden Tag. Es taut nicht. Und erst jetzt habe ich mich besonnen, daß ich Ski habe. Solche kleinen, aus dem Plast, aber ohne Stöcke. Und jetzt laufe in den Dünen ich schon dritten Tag. Und dein Wunsch mir (vom guten Rutsch) hat sich erfüllt. Im neuen Jahr hatten wir einen großen Tannenbaum, Jolka, gekauft, haben den in ein Glas mit Wasser gestellt, begossen ihn jeden Tag und plötzlich darauf wuchsen sogar neue Zweigchen mit grünen Blättern, 7 cm lang...«

Und weil sie noch nie in Deutschland waren, lud ich Sascha und seine Frau Alja und ihr Töchterchen Lena ein, uns im Sommer 1996 zu besuchen. Sascha ist mit seiner Familie inzwischen vom russischen Mütterchen Wolga an die Ostsee, nach Lettland umgezogen. In Lettland gilt noch das vor zwei Jahren beschlossene Bürgerschaftsgesetz. Es berechtigt alle Russen und andere Nichtletten, die in der Baltikrepublik wohnen und eine Prüfung in lettischer Sprache und Landeskunde bestehen und einen Treueeid auf den lettischen Staat leisten, in den nächsten acht Jahren einen Antrag auf lettische Bürgerschaft zu stellen. Allerdings wollen die Letten das Gesetz mit einer Volksabstimmung so verändern, daß nur noch ethnisch reine Letten wählen dürfen und sich alle übrigen, entsprechend der Zahl der Staatsbürger, jährlich zu 0,01 Prozent integrieren dürfen. Das sind zweitausend pro Jahr! Aber rund dreißig Prozent der in Lettland lebenden Menschen sind Russen, Kasachen, Usbeken, Esten – »Ausländer« –, auch Sascha und seine Familie.

Auf meine Einladung und die Frage nach notwendigen Formalitäten schrieb er mir: »Ihr lieben Freunde, wir bekamen Euren Brief. Und ich antworte sofort. Folgende Bürokratie ist bei Euch nötig: Das ist die Einladung auf offiziellem Formular, das Ihr uns schicken sollt. Nur wenn wir Eure Einladung mit offiziellem Formular erhalten, werden wir hier übrige Dokumente weiter organisieren dürfen. Ohne offizielle Einladung kann nicht man uns erlauben zu fahren, man kann sogar denken, daß wir einfach auswandern wollen. Die ganze Familie! Und aus Lettland! Und als Russen!«

Ich ging also zur Meldestelle meines in die Stadt Suhl eingemeindeten Dorfes Dietzhausen und fragte nach dem offiziellen Formular. Die Meldestellenfrau kannte ich gut, sie klärte mich auf, daß Einladungen nun Sache der Ausländerbehörde in der Stadtverwaltung wären. Sie rief dort für mich an und fragte, ob man der Meldestelle das benötigte Formular zuschicken könne.

Man konnte nicht. Also gab sie mir den Hörer, und ich erkundigte mich nach den nötigen Formalitäten. Eine weibliche Stimme erklärte mir, daß ich persönlich erscheinen müsse, den Antrag ausfüllen und dazu meinen Ausweis sowie die Lohnbescheinigung vorzeigen müßte. »Etwa 2 000 DM monatlich müßten Sie nachweisen können, verstehen Sie, als Sicherheit, sonst können wir das Einladungsformular nicht unterschreiben.« Pause, weil ich schwieg. »Verstehen Sie?« Ich sagte, daß ich nichts verstünde, ein freischaffender Schriftsteller sei und leider ohne festes Gehalt... Dann müßte mein Steuerberater mir bestätigen, daß ich die Summe von monatlich rund 2 000 DM... Das könne er nicht, bedauerte ich, denn ich hätte viel weniger... Dann dürfe sie keine Bestätigung ausstellen und ich keinen Russen (»Letten sind in diesem Fall auch Russen«) einladen. »Sie müssen doch für alle Eventualitäten finanziell haften können. Ihr Russe kann sich hier einen Arm brechen, also allein das Röntgen und Eingipsen, der Krankentransport, das sind ein paar Tausender. Oder noch schlimmer: Wenn jemand von dieser Familie im Kaufhaus klaut, erwischt wird und sofort mit dem Flugzeug zurück muß – Flugkosten für eine dreiköpfige Familie , mindestens 5 000.«

Ich redete hilflos was von Freundschaft, und daß ich diese Familie persönlich kenne. Und sie, die Frau vom Ausländer-Amt, würde mich doch auch kennen. Ich hätte im sowjetischen Hungerwinter 1990 mit einem LKW die Suhler Hilfsgüter in drei Tagen nach Kaluga kutschiert, und ihr Chef, der Oberbürgermeister Kummer, hätte mich damals sehr herzlich verabschiedet und tiefbewegt von Freundschaft und den wichtigen menschlichen Beziehungen gesprochen.

»Alte Freundschaften«, sagte sie bedauernd, »alte Freundschaften sind die eine Sache, die andere und allein entscheidende ist die heutige Verordnung. Und die besagt, daß Sie weder Russen noch einen Letten in die BRD einladen dürfen, wenn Sie nicht 2 000 Deutsche Mark... Verstehen Sie doch endlich!«

Ich hätte ihr von Sascha und Alja und der kleinen Lena erzählen können, von meiner ersten und bisher einzigen Begegnung mit ihnen, doch ich begann zu ahnen, daß das in dem Fall auch niemanden mehr interessiert...

Sascha hatte uns, als er in der Zeitung »Rotes Banner« las, daß zwei Deutsche in Kamyschin über Perestroika, Glasnost und den Alltag der Menschen in der 400 000-Einwohner-Stadt schreiben wollen, zu sich nach Hause eingeladen. »Um mit den lieben Gästen aus Deutschland reden, essen und trinken zu können«, hatte er auf einen Zettel geschrieben.

Er wohnt in einem der Neubauviertel. Das Treppenhaus ist steil und so spärlich beleuchtet, daß Gerd und ich die Türschilder nicht entziffern können. Aber im vierten Stock steht die Tür schon offen, es riecht nach Kraut und Roter Beete, nach Knoblauch und Gebratenem. Alexander stellt uns zuerst seine Mutter vor. Sie wohnt mit ihnen in der winzigen Zweiraumwohnung und hat den ganzen Tag für uns gekocht. In einer porzellanenen Schüssel serviert sie Borschtsch, die berühmte Rote-Beete-Suppe, die sich von der Ukraine aus in der ganzen ehemaligen Sowjetunion verbreitet hat. Und auf einem großen Teller bringt sie hochaufgestapelt goldbraun gebratene Krautwickel. »Die Mutter und der inzwischen verstorbene Vater sind als ›Kulakenkinder‹ lange Zeit Aussätzige gewesen. Zwar hatten ihre Eltern, also meine Großeltern, nur winzige Felder, aber weil sie besser wirtschafteten als die anderen Bauern im Dorf, verbannte man sie während der Kollektivierung nach Duschanbé. Ich bin noch in der Verbannung geboren worden, danach durfte die Familie zurück nach Kamyschin.«

Er stockt. Aber was erzähle er, wir hätten uns noch nicht einmal begrüßt. Wodka aus kleinen Gläsern. Er trinkt auf die Gäste. »Die teuersten und ehrenvollsten, die wir bisher in unserer Wohnung begrüßt haben.« Sascha ist kein geübter Toastredner wie die meisten der Russen.

Die zum Stamme der Mari gehörende Alja und der Russe Sascha haben Medizin studiert. Er unterrichtet an der Medizinischen Schule, sie arbeitet in der Kinderklinik. Über Medizin reden wir erst später. In den ersten Stunden spricht Sascha nur über ein Thema: die deutschen Menschen, die deutsche Sprache, die deutsche Literatur, die deutsche Musik. Leider hätte er an der Universität kein Deutsch erlernen können, aber nun studiere er als Autodidakt die Grammatik und Aussprache, um Goethe und Heine in der Originalfassung lesen zu können. Die Deutschen, schwärmt er, sind solche kulturvollen Menschen, feinfühlig und gebildet. »Wir Russen dagegen sind plump und aggressiv.« Er holt ein deutsches Märchenbuch, zeigt Lena die Bilder und ist glücklich, wenn die Vierjährige auf deutsch »Wolf« und »Großmutter« und »Kuchen« sagt.

Alja sitzt still daneben und lächelt. Aber plötzlich sagt sie übergangslos: »Sascha hat heute einen Tag Urlaub genommen. Er ist von früh bis abends durch die Stadt gelaufen, von Geschäft zu Geschäft, um für die teuren Gäste ein paar Flaschen Bier zu organisieren. Von früh bis abends, stellen Sie sich das vor. Er hat trotzdem kein Bier bekommen. Und wenn ihm nicht ein Kollege eine Flasche Wodka ausgeborgt hätte... Wie entmutigend für einen Menschen, für einen Arzt, der sechs Jahre studiert hat. Was für ein schreckliches Leben!« Nein, sie wolle nicht klagen, sagt Alja, aber wenigstens die Wahrheit erzählen über ihr Leben. »Ein Dreher verdient in Kamyschin beispielsweise 300 Rubel. Ich als Ärztin, verantwortlich für das Leben von achtzig Kindern auf der Station, erhalte 130 Rubel. Wir haben für alle Kinder drei Spritzen. Drei Spritzen in der Kinderklinik, die wir wie das Wasser des Lebens hüten. Und immer wieder mahnen wir die Schwestern, sie zu pflegen und zu pflegen und zu pflegen. Und zu sterilisieren und zu sterilisieren und zu sterilisieren. In Wolgograd sind im Krankenhaus fast einhundert Kinder mit AIDS infiziert worden, weil sie keine Einwegspritzen haben. Aus Wut haben betroffene Eltern, es waren Kalmücken, drei russische Ärzte totgeschlagen.«

Ich bezweifle die Wahrheit, doch Alja versichert, daß sie diese Information öffentlich in der Dienstberatung erfahren hat.

Während wir Tee trinken und Honig dazu löffeln, übt Sascha mit Lena die deutschen Zahlen. Bis acht kann sie schon zählen.

Ich frage, wieviele Kinder sie noch großziehen wollen. »Kein einziges mehr«, sagt Sascha. »Es ist unverantwortlich, heute in diesem Land Kinder in die Welt zu setzen. Nein, dieses Risiko, daß unsere Kinder vielleicht keine Milch haben werden und kein Brot, dieses Risiko werden wir nicht auf uns nehmen.«

Alja nickt. Es sei ein Verbrechen oder besser gesagt eine Sünde, in diesem Land Kinder zu gebären. Sie sagt es nicht laut und leidenschaftlich agitatorisch, sondern sehr leise, stockend und traurig.

Wir bleiben bis kurz vor Mitternacht.

Alja kocht den traditionellen Abschiedstee. Dann, entgegen allen Ritualen, eine zweite Kanne. Und auch noch eine dritte...

Und Sascha nimmt Lena auf den Schoß und singt mit ihr in deutscher Sprache: »Alle meine Entchen.« Und plötzlich weint Alja. Wir sollten wiederkommen, sagt sie. Wir könnten zusammen Bach hören und Rachmaninow, und Lena werde dann schon wieder einige deutsche Worte mehr sprechen.

Sascha schenkt Gerd zum Abschied das in der DDR verbotene Buch »Die Kinder des Arbat« auf russisch. Mir überreicht Alja einen kleinen Wecker. Wenn er mich weckt, möge ich an die Familie Komarow in Kamyschin denken. Und wir sollten im nächsten Jahr mit unseren Frauen und allen Kindern zu ihnen kommen. »Es haben alle Platz«, sagt Alja, umarmt uns flüchtig, weint und weint. Sascha, Alja, Lena und die Großmutter wohnen in zwei kleinen Zimmern. Aber ich weiß, es wird Platz sein, selbst wenn wir unangemeldet alle auf einmal kommen würden.

Nach fünf Minuten erfolglosem Telefonat sagte ich den selbst für eine Gesetzesbefolge-Ausländerbeauftragte – sofern sie mal DDR-Bürgerin war – wahrscheinlich immer noch schlimmen Satz: »Also dann ist wohl nichts mehr mit deutsch-sowjetischer Freundschaft?« Und drohte obendrein, daß ich mich an den Petitionsausschuß des Thüringer Landtages wenden würde. Da reichte mich die erste Stimme an die nächste Ausländerbeauftragten-Stimme weiter. Und die redete nach meiner nochmaligen Litanei wie mit Engelszungen. Ich sei doch intelligent und müßte deshalb begreifen, daß Ausländer, die ansonsten Eintrittsverbot in der BRD hätten, mit einer persönlichen Einladung ohne finanzielle Haftung des Einladenden durch die Hintertür doch noch hereingelassen würden. Mit solchen Einladungen könnten Schlepperorganisationen Geschäfte machen, denn wer erst einmal drin wäre in Deutschland... Außerdem würde ich doch nicht wollen, daß im Falle von Eventualitäten, also Krankheit oder Abschiebung meiner Gäste, die deutschen Steuerzahler zur Kasse gebeten werden müßten.

Nein, das wolle ich nicht, und ich sagte das, was ich sonst kaum jemandem sage und was ja auch in der neuen Eigentum-Ist-Alles-Gesellschaft ein Geheimnis sein sollte: »Ich habe noch 20 000 DM zur Alters-Vorsorge auf der Bank, sofort abhebbar. Das könnte ich mir dort bestätigen lassen und als Sicherheit für die Einladung vorlegen.«

»Bedaure«, sagte die Engelszunge, »diese Bestätigung wird in dem Fall nicht anerkannt. Sie können das Geld jetzt zwar vorweisen, aber bis zum Eintreffen der Russen längst verbraucht haben und hätten nichts, wenn... siehe Gips usw.« Es ginge um den Nachweis eines kontinuierlichen Verdienstes von rund 2 000, zum Leben brauche man selbst ja auch noch was.

»Und Arbeitslose oder Sozialhilfeempfänger?«

»Können natürlich, mal ausgenommen sie wären, falls es so etwas gibt, arbeitslose Manager, Landräte oder Landtagsabgeordnete, niemanden einladen.«

Da wurde ich trotz Engelszungen doch laut am Telefon, und da kam zufällig auch die Chefin der Ausländerabteilung ins Zimmer. Sie wurde sofort unterrichtet, am Telefon sei ein uneinsichtiger Schriftsteller, der könne das Geld zwar nicht aufbringen, bestünde aber trotzdem darauf, einen Russen einzuladen. Die Chefin kannte den Schriftsteller Scherzer. Das schmeichelte mir, und ich dachte, daß ich es vielleicht mit der diplomatischen Variante versuchen sollte. Und als sie sich mit ihrem Namen – ich verstand Senf – vorgestellt hatte, sagte ich schmeichelnd, daß ich froh sei, nun endlich die kompetente Chefin, also die ganz oben, zu sprechen, denn die unteren wollten ja doch nur immer wichtigtuerisch ihren Senf dazugeben...

Sie unterbrach mich, nannte noch einmal ihren Namen. Und diesesmal verstand ich nicht Senf, sondern Lenz, Lenz wie die Jahreszeit. Ich war außergewöhnlich gedankenschnell und sagte etwas vom Frühling und der Hoffnung, die im Lenz immer wieder neu knospe, und daß ich hoffe, mit ihrer Hilfe die Bescheinigung doch noch zu erhalten. Sie sagte auch versöhnlerisch, daß es vielleicht auch möglich sei, wenn ich nicht ganz 2 000 nachweisen könnte. Stolz und hoffnungsfroh beteuerte ich, daß zwar nicht ich, aber meine Frau... also in der Familie kämen wir zusammen sogar auf über 2 000. Und weil das Finanzamt die Steuer auch gemeinsam aus dem gesamten Familieneinkommen errechne, wäre das bestimmt auch für diese Einladung gültig. Sie widersprach energisch. Nur der Verdienst des Einladenden sei maßgebend, nicht die Familienkasse. Und fürsorglich wie für einen Kranken erläuterte sie: »Also nehmen wir mal an, Sie laden die befreundeten Russen ein, wir geben die Genehmigung, und Sie haften mit dem Familieneinkommen für die Ausländer, denen passiert was, Sie, Herr Scherzer, sollen zahlen, können aber nicht, und ihre Frau sagt: Ich habe niemanden eingeladen, ich habe nicht unterschrieben, das war mein Mann, der hat den Russen eingeladen, also soll er auch bezahlen.«

Ich antwortete erst kleinlaut: »Wir haben nur ein gemeinsames Konto, wir sind eine Familie, und meine Freunde sind auch die Freunde meiner Frau.« Und sagte dann zornig, daß ich langsam alles vestünde, denn es sei wohl ähnlich wie mit einer Kaution, die man für die Freilassung eines Verbrechers hinterlegen müsse... Da wurde Chefin Lenz, in der Zwischenzeit hatte sie mich noch einmal berichtigt, sie heiße nicht Lenz sondern Wenz – dazu fiel mir dann nichts mehr ein,– also, sie wurde grimmig und sagte kurz angebunden, daß sie ihre teure Zeit nicht länger vergeuden könne. »Haben Sie nun die nötige Summe, damit Sie wie ein ordentlicher Bürger die finanzielle Verantwortung für die eingeladenen Russen aus Lettland übernehmen können, oder haben Sie das Geld nicht?«

Ich persönlich habe es nicht, sagte ich leise. Und hätte heulen wollen. Aber ich heulte nicht, weil am Telefon in der Meldestelle inzwischen ein fremder Mann hinter mir stand. Es war mir alles sehr peinlich. Doch der Mann grinste nur, klopfte mir auf die Schulter und sagte: »Ich kenne einen Steuerberater, der bestätigt ihnen für mickrige 250 DM jedes gewünschte monatliche Einkommen. Und den Schein legen Sie dann der Behörde vor...«

Sascha wird, wenn er als Russe in Lettland ein Visum erhält, nun doch im Sommer mit Töchterchen Lena und Frau Alja zu uns kommen.

Und so wie ich ihn kenne, wird er zur Begrüßung den ersten Toast auf das große Volk der kulturvollen Deutschen, auf das Volk der Humanisten Goethe und Schiller trinken. Und ich werde ihn umarmen und das Glas nach alter russischer Sitte auf einen Zug leeren.

Die Erben der Öfen

Auch im Krematorium, in dem die zwei dreimäuligen Verbrennungsöfen stehen, ist es an jenem nebligen Februarmorgen hundekalt, und die jugendlichen Besucher des ehemaligen Konzentrationslagers Buchenwald ziehen ihre bunten Anorakkapuzen über den Kopf. Der »Museumsführer«, ein Zwei-Meter-Mann, der in seinem schwarzen, bis zur Erde reichenden Mantel einem Prediger ähnelt, erklärt die Öfen. »Was Sie hier sehen, das sind noch die Originalöfen der Firma Topf. Ähnliche Modelle errichtete die Firma unter Leitung des Ingenieurs Kurt Prüfer auch in Auschwitz, Dachau und Mauthausen. Die Parameter des Dreimuffelofens, damals technologischer Höchststand, garantierten die Einäscherung von rund dreihundert Menschen in vierundzwanzig Stunden.

Damit die toten, ausgemergelten Häftlinge besser brannten, siebzig Prozent wogen weniger als fünfzig Kilo, wurde Öl aus diesem Tank – ebenfalls ein Topf-Patent – zugesetzt. Und um Öl zu sparen, mußte jeweils eine noch verhältnismäßig gut genährte männliche Leiche zusammen mit der einer abgemagerten Frau oder eines Kindes verbrannt werden. Die Firma Topf, hier an den gußeisernen Verschlußdeckeln, am großen ›T‹ erkennen Sie deutlich das Markenzeichen, hatte ihren Sitz in Erfurt.«

Ich frage den Mann im schwarzen Mantel, ob der Betrieb noch existiert. Er nickt. Nach dem Krieg hätte sich Ludwig Topf, der eine von den Besitzern, erhängt. »Sein Bruder, Ernst Wolfgang Topf, flüchtete nach Westdeutschland, noch bevor ihn die Sowjets verhaften konnten. Dort erhielt er als angeblich zu Unrecht enteigneter Unternehmer einen neuen Gewerbeeintrag im Handelsregister, und 1950 ließ er durch seinen Ingenieur Klettner ein Topf-Patent mit dem Titel ›Verfahren und Vorrichtung zur Verbrennung von Leichen, Kadavern und Teilen davon‹ anmelden. Der Erfurter Betrieb, inzwischen in ›Erfurter Mälzerei und Speicherbau‹ umbenannt, produziert an alter Stelle Speichersilos, Tanks und Mälzereiausrüstungen.«

Udo Braun, der Geschäftsführer von EMS, bestellt mich nach 21 Uhr in sein Büro. Tagsüber habe er keine Zeit für Gespräche über die Vergangenheit. Das alte Verwaltungsgebäude ist hell erleuchtet, die Eingangstür steht offen, aber drinnen finde ich niemanden mehr. Die Büros sind verschlossen. Auch das von Braun. Endlich ein Husten im Erdgeschoß. Ein alter weißbekittelter Mann, dem die wenigen Haarsträhnen wirr ins Gesicht hängen, läuft zu dieser Nachtstunde immer noch zwischen Reißbrett, Computer und Zeichnungen hin und her.

Ich frage ihn, ob er schon vor 1945, zu Zeiten der Gebrüder Topf, im Betrieb gearbeitet habe. »Nein, erst seit 1948. Aber wir hießen damals noch Topf. Nagema Topfwerke. Später beschloß die neue Macht, diesen wegen der Öfen belasteten alten Firmennamen durch einen neuen, fortschrittlichen zu ersetzen. Und wir erhielten den Ehrennamen des Kämpfers gegen die griechische Militärdiktatur, des Kommunisten Nikos Belojannis, und bildeten außerdem als internationalistische Hilfe fünfzig griechische Lehrlinge bei uns aus.«

(Was der zerzauste Konstrukteur der Speicher nicht wissen konnte: Nachdem der Konstrukteur der Verbrennungsöfen, Ingenieur Kurt Prüfer, am 4. März 1943 die fünf Dreimuffelöfen in Auschwitz II eine Woche lang trocken feuern ließ und am 13. März Ingenieur Karl Schultze die von ihm bei Topf entwickelte Be- und Entluftung der Gaskammern fünfzehn Stunden lang getestet hatte, wurden eine Woche später beim zweiten Ofen-Großversuch 2 191 Juden aus Griechenland mit Zyklon B vergast und in drei Tagen verbrannt.)

»Als die ›Belojannisse‹, wie man uns in Erfurt damals spöttisch nannte, hatten wir offiziell den Schlußstrich unter die Topf-Geschichte gezogen. Und unsere Ingenieure Prüfer, Schultze und der ehemalige Betriebsleiter Gustav Braun saßen, wegen Kriegsverbrechen zu je fünfundzwanzig Jahren Lager verurteilt, schon in Sibirien.«

Ich frage, ob dieser Gustav Braun mit dem jetzigen Geschäftsführer Udo Braun verwandt sei.

»Ja, der Gustav Braun, das war der Vater von Udo Braun. Der Udo kam 1950, zwei Jahre nach mir, als Lehrling in den Betrieb.«

Der heute neunundfünfzigjährige Udo Braun schenkt mir wenig später Kaffee aus einer Thermoskanne ein und entschuldigt sich für den nächtlichen Gesprächstermin. Tagsüber müsse er jede Minute für den Betrieb nutzen. »Fünfundsiebzig von früher siebenhundert Beschäftigten arbeiten noch hier. Zusammen mit drei Westdeutschen bin ich Gesellschafter des Betriebes geworden. Habe all mein privates Vermögen verbürgt...«

Das interessiert mich im Moment weniger als die Öfen. Ich frage nach seinem Vater.

»Viel weiß ich nicht. Als der Vater verhaftet wurde, war ich neun Jahre alt. Und nach Vaters Entlassung im Jahre 1955 sind die Eltern sofort in die BRD umgesiedelt. Drei Jahre später starb der Vater. In seinem Tagebuch habe ich nur eine Eintragung über die Zeit nach dem Krieg gefunden: ›1946 bis 1955 Luftveränderung – Sowjetunion‹.« Udo Braun redet über diese Zeit nicht zögerlich, sondern eher hastig. »Ich klaute, damals noch ein Kind, alles, was nicht niet- und nagelfest war. Tauschte Kohlen gegen Brot, und Schrauben gegen Kartoffeln. So überlebten die Mutter, mein kleiner Bruder und ich. Das heißt körperlich. Seelisch war es schwerer. Da galt man eben als einer, dessen Vater in der SU sitzt! Trotzdem begann ich die Lehre hier im Betrieb. Einige geiferten: Das ist der Bengel von dem Kriegsverbrecher! Andere Kollegen klopften mir auf die Schulter und sagten, ich sollte nichts auf den Vater kommen lassen, der sei kein schlechter Mensch gewesen... Aber niemals werde ich den Tag vergessen, an dem ich zum erstenmal die Öfen in Buchenwald sah. Die Bustüren wurden hinter uns verschlossen, damit niemand wieder einsteigen konnte, bevor er alles gesehen hatte. Ich stand wie erschlagen im Krematoriumsraum, sah das Topf-Zeichen. Bildete mir ein, daß die Öfen noch warm wären. Roch den widerlichen Rauch der verbrannten Leichen...

Als ich im Topf-Betrieb ausgelernt hatte, ging ich zur Wismut ins Uran-Bergwerk. Dort erfuhr ich von der Entlassung des Vaters. Wollte sofort nach Hause. Meldete mich beim sowjetischen Schachtleiter und erzählte ihm alles. Das von den Öfen, das vom Lager und von der Heimkehr. Und da sagte der: ›Wissen Sie, Herr Braun, mein Vater und meine Mutter sind von den Deutschen umgebracht worden.‹ Und dann fragte er: ›Sie lieben die Sowjetunion wahrscheinlich nicht, schließlich mußte ihr Vater dort zehn Jahre im Lager verbringen?‹ Ich habe allen Mut zusammengenommen und geantwortet: ›Nein, ich liebe die Sowjetunion nicht.‹ Da nickte er und meinte, es wäre widernatürlich, wenn ich anders denken würde. Aber es sollte irgendwann Schluß sein mit dem Haß. Und er entschied stehenden Fußes, daß ich sofort nach Hause dürfe, besorgte mir eine Fahrkarte und bepackte mich mit Lebensmitteln... Nach diesem Erlebnis bin ich in die Gesellschaft für Deutsch-Sowjetische-Freundschaft eingetreten.«

Ich frage Udo Braun, was er heute über die Verantwortlichen für die Topf-Verbrennungsöfen und die Topf-Be- und Entlüftung in den Gaskammern denkt. Und dieses Mal antwortet der Geschäftsführer sehr zögerlich: »Ich müßte sie mit meinem heutigen Wissen verurteilen. Aber ich weiß inzwischen auch, wie anfällig der Mensch für Böses ist und wie oberflächlich seine Moralprinzipien, seine Kultivierung sind. Nehmen Sie als Beispiel die Geschichte mit den angolanischen Arbeitern in unserem Betrieb. Bis 1989 waren sie unsere Freunde und unsere Klassenbrüder. Aber schon 1990 hat man sie gejagt! Hier auf diesem Hof, in diesem Betrieb! Die gleichen Leute haben sie gejagt, die zuvor mit ihnen bei sozialistischen Brigadefeiern auf die ewige Freundschaft angestoßen hatten.«

Vor ungefähr einem Jahr, erzählt der Geschäftsführer, sei Frau Dagmar Topf, die fünfzigjährige Schwiegertochter von Ernst Wolfgang Topf, aus dem Westen kommend, plötzlich im Betrieb aufgetaucht. »Die Dame will für die in aller Welt verstreute Topf-Familie das angebliche Erbe zurückholen. Den Betrieb. Und die Topf-Villa samt 20 000 Quadratmetern Park. Millionenwerte.« Rechtlich ständen die Chancen für die Topf-Erben wegen der Enteignung als Kriegsgewinnler-Firma sehr schlecht. Und moralisch?

»Seitdem ich begriffen habe, daß wir zum Überleben unseres Betriebes soviel Geld wie möglich, und egal woher, auftreiben müssen, denke ich getrennt über Geld und Moral nach.« Das hätte er als Gesellschafter dieser Firma unter den neuen Verhältnissen zuerst lernen müssen. Doch in der Familie Topf gäbe es einen Erben, der die Ansprüche aus moralischen Gründen ablehne...

Ich treffe diesen Mann, den einundsechzigjährigen Hartmut Topf im RIAS-Funkhaus, und er zeigt mir einen Brief, den er vor vier Wochen als ersten Rundbrief seines Lebens verschickt hat: »Liebe Cousinen, liebe Cousins und Familien... Diejenigen Nachfahren des Großonkels, die sich in die Geschäfte mit den Nazis verwickelten und dabei viel Geld verdienten, sind alle tot... Ich finde, hier sollten keine nachgeborenen oder in die Familie eingeheirateten Personen Ansprüche anmelden... Wenn überhaupt Geld aus der Immobilie flüssig gemacht werden kann, sollte es der Wiedergutmachung dienen und zur Versorgung und Therapie von Opfern mit Spätfolgen des Lagerterrors verwendet werden...«

Nach einem Monat hat noch niemand auf seinen Brief geantwortet.

Trotz der Kälte im Krematoriumsraum haben einige der jungen Leute ihre bunten Anorakkapuzen wieder heruntergestreift. Stehen barhäuptig vor den Öfen, zwischen denen Kerzen brennen, Blumen welken und Steine der Juden aus Israel liegen. Der Mann im langen schwarzen Mantel erzählt, daß ein Sinti eine Zigarette angezündet und sie schweigend in einen der Verbrennungsöfen gelegt hätte. »Und Elie Wiesel, der Nobelpreisträger, fragte, wo hier die Spuren der Verbrannten zu finden sind. Und er zeigte hinauf zum Himmel. Es gibt aber auch noch andere Spuren. Die Asche, damals von dankbaren Bauern als Dünger auf den Äckern rings um das Lager verstreut.«

Mit diesem Satz läßt er die jungen Leute allein und geht.

Auf dem Parkplatz vor dem Lager stehen die ersten Busse und Besucherautos. Daneben zwei Streifenwagen der Polizei. Aus dem einen steigt eine junge Beamtin mit Kakaoflasche in der einen und Brötchentüte in der anderen Hand. Seitdem im vergangenen Jahr jugendliche Neonazis in Buchenwald aufmarschiert wären, hätte das Innenministerium hier eine ständig besetzte Polizeistation eingerichtet.

Die flache Baracke ist erst kurz vor der Befreiung von den Häftlingen gebaut worden und sollte der SS als Büroraum dienen.

Die Tür trägt die neue Aufschrift »Polizei«.

Mit Professore in Italia

Von Berlin kommend, schaukelt der Reisebus im dunklen Lack, über den eine pinkfarbene und violette Woge brandet, pünktlich auf den Baustellen-Parkplatz des Hermsdorfer Kreuzes. Professor Willi Sitte klettert erstaunlich leichtfüßig aus der Mitteltür, um uns, die letzten Gäste, zu begrüßen. Er spricht so, wie er aussieht, leise und mit dünner Stimme. Kann nicht verheimlichen, daß er in Böhmen aufgewachsen ist: »Ich mechte Sie begrüßen und eine scheene Reise wünschen...«

Das letzte Mal sah ich Sitte vor zwei Monaten in einem Fernsehfilm zu seinem 75. Geburtstag. Ich erinnere mich an die Szene, als ihm einer seiner Meisterschüler zufällig während einer Ausstellung begegnet, mühsam nichtssagende Floskeln von sich gibt und schnell weitergeht. Wie aus Angst vor einer ansteckenden Krankheit. Und ich erinnere mich an Sittes Satz, daß er seine Bilder in der früheren DDR nie mehr ausstellen wird.

Vorn im Bus liegt das heutige »Neue Deutschland«. Es prognostiziert Arbeitskämpfe in Deutschland und für Italien bei den Parlamentswahlen am Wochenende ein Kopf-an-Kopf-Rennen des Mitte-Links-Bündnisses mit den Rechten. Neben dem ND im Cockpit von Fahrer Ali eine vergilbte »Morgenpost«. Die Schlagzeile auf dem Titelblatt: »Maler klagt an: Lungenkrebs durch Asbest!« Aber bei dem Manne handelt es sich nicht um einen Kunst-, sondern um einen Wandmaler. (Später, in Italien wird Sitte den italienischen Reiseführerinnen immer wieder die zwei Bedeutungen des deutschen Wortes »Maler« erklären: einmal il imbianchino – der Anstreicher und zum anderen il pittore – der Kunstmaler.)

Nach dem Winter am Brenner fahren wir ohne Frühlingsvorwarnung in den dreißig Grad heißen Sommer von Oberitalien. Sattgrüne Wiesen, gelber Ginster, blaue Veilchen, zartrosa blühen die Mandelbäume, und rot leuchtet der Klatschmohn. Auf dem Parkplatz einer Autostrada-Raststätte flanieren Italienerinnen in superkurzen Miniröcken. Sitte, endlich seinen geliebten Espresso mit Grappa schlürfend, genießt diesen Anblick, und als ich sage, daß die schlanken Schwarzhaarigen doch in keiner Weise seinen gemalten Frauenbildern gleichen, grient er verschmitzt und verrät, daß er eigentlich schlanke Frauen liebte. »Lediglich in meinen Bildern lebe ich mich aus, schwelge figürlich.«

Weiter im Tal der Etsch. Die steilen Bergriesen drängen das Tal auf manchmal hundert Meter zusammen. Um diese Winzigkeit ebener Fläche streiten sich Autostrada, Gemüsebeete, Eisenbahn, Obstplantagen, Holzbetriebe, Weinberge, Metallbetriebe, Tafelobst, Chemiebetriebe und wieder Wein bis an den Betriebszaun.

Allein der Wein- und Obstanbau machten die Gegend früher lebensfähig. Aber nicht wohlhabend. Nun, da Chemie-, Metall- und Holzfabriken zwischen Obst und Wein stehen, gehört sie zu der wohlhabenden Nordregion Italiens. Aber je flacher das Land wird, um so häufiger vergammeln rechts und links der Straße verlassene Bauernhöfe – trotz des fruchtbringenden Klimas. Efeu rankt in die Fenster, und auf den löchrigen Dächern wuchern Dornenhecken.

Wer, wie wir, vom flachen Land in die Städte am Mittelmeer will, muß noch einmal durchs Gebirge. Zuerst Serpentinen, später kilometerlange Tunnel. In der Nähe der ligurischen Hauptstadt Genua ist die Landschaft zwischen den Bergröhren nur blitzschnell wie im Zerhackerlicht einer Disko zu erhaschen. Meeresfetzen und graue Schemen von lückenlos mit Stein und Beton zugebauten Buchten.

Bei Rapallo, zwanzig Kilometer südlich von Genua, verlassen wir die Geistertunnelautobahn. Hier wollen wir eine Woche bleiben, um Kunst und Kultur südlich (Riviera di Levante) und nördlich (Riviera di Ponente) von Genua zu erkunden. Die Seebadstadt Rapallo – aus dem Geschichtsunterricht weiß ich, daß hier 1922 der deutsche Außenminister Walther Rathenau mit Lenins Außenminister Tschitscherin einen separaten Friedensvertrag abschloß – wird von den Ausläufern des Appennino Ligure fast ins Meer geschubst. Ein schmaler Streifen zwischen Meer und Bergen mit Palmen und Strandpromenade, danach die engen Gassen. In einem der Tunnel bleibt unser Bus wie in einer Fischreuse stecken: Vorwärts geht es nicht mehr und rückwärts nur millimeterweise.

Die Straßen in Genua sind breiter, allerdings bewirkt die chaotische Autolawine das gleiche: Oft ruckt's nur meterweise weiter. Und in die mittelalterliche Altstadt mit ihren typischen rot-gelbbraun bemalten Fassaden geht es ohnehin nur per pedes. Das antike Stadttor Porta Soprana ist mit einer alten, in Stein gehauenen Schrift geschmückt: »Wenn du Frieden bringst, kannst du diese Tür durchschreiten...«

Frieden für Genua, das sich von alters her La Superba – Die Stolze – nennt und mit seiner Beteiligung an vielen Kreuzzügen und zahlreichen Eroberungen (es besiegte sogar Venedig) den Krieg selber in viele Städte hinein- und deren Reichtümer heraustrug; aus Sidon, Tripolis, Jerusalem, Beirut... Und folgerichtig wurde Genua die Stadt der unzähligen Palazzi. Die aristokratischen Familien der Stadt wetteiferten um die prachtvollsten Bauten, die schönsten Gärten, die reichsten Kirchen und die höchsten Wohntürme, die mittelalterlichen Wolkenkratzer, die immer noch aus der Altstadt herausragen. »Je höher, um so angesehener die Familie«, erzählt Elvira, die temperamentvolle italienische Stadtführerin. »Je kostbarer die Türportale«, und sie zeigt uns ein Portal und noch ein Portal und noch eins, »um so reicher die drin Wohnenden.« Und an der Höhe der Farbstreifen an den Fassaden der Palazzi – schwarz und weiß, Schiefer und Marmor – konnte man von den Mächtigen noch die Mächtigsten ausmachen: die durften bis unters Dach gestreift verkleiden, die übrigen nur bis zum zweiten Stock, danach Ziegelsteine. Von vielen dieser Paläste ist heute nur noch der Name palastwürdig, ansonsten stürzen Mauerecken, bröckelt der Putz und blättert die Farbe. (Ein Glück, daß die DDR vor fünf Jahren der BRD zugeschlagen worden ist und nicht Italien, was hätten westdeutsche Fotoreporter für grauenvolle Sensations-Verfallsfotos veröffentlichen müssen! Hier hingegen können sie den Verfall romantisieren und nostalgisch verkaufen.) Die Gassen in der Altstadt sind so eng, daß die Nachbarn der gegenüberliegenden Häuser sich aus den Fenstern heraus Salz borgen können. Oder die Wäsche klauen. Diese sozialen Flaggenzeichen sind allerorts gehißt: Kinderhemden, dazu Großvaters Unterhosen und dazwischen zarte Dessous. Wenn man zu lange hochschaut, kriegt man Genickstarre. Und unten, wo nicht zwei nebeneinander gehen können, hängen in Kopfhöhe die Gesichter der Wahlkandidaten. Dazu eine nackte Frau in einer mit Sekt und Blüten gefüllten Badewanne und der Verheißung: »Auch du kannst Milliardär werden.« Ich frage Elvira, ob die, die hier wohnen, keine Aggressionen bekommen, so dicht an dicht und ohne Sonne. Sie schaut mich verwundert an. »Die sind hier geboren, sie empfinden es als normal, weshalb also aggressiv werden, nur weil man nicht weit gucken kann?«

Einen weiten Blick hat man von den vielen auf Hügeln stehenden Kirchen Genuas. »Sie streben wie Schiffe zum Meer hin«, so ähnlich hat es der vor hundert Jahren hier geborene Lyriker Eugenio Montale gesagt. Die Sehnsucht nach dem Meer hat die Genuesen immer getrieben. In Genua wurden Lanzarotto Malocello geboren, der die Kanaren-Insel Lanzarote bereiste und ihr den Namen gab, und Giovanni Caboto, der vermutlich als erster Weißer nach den Wikingern Nordamerika betrat, und Andrea Doria, der legendäre Flottenadmiral. Und Christoph Columbus. Die Kirche, in der Columbus getauft wurde, kann man besichtigen, und aus dem Fenster seines Elternhauses weht stolz die Genueser Flagge. Und das, obwohl Columbus 1492 mit seiner Entdeckung Amerikas den Niedergang Genuas als Haupthandelsmacht des Mare Nostrum einleitete. Die Handelswege führten fortan nicht mehr über Genua, sondern an der atlantischen Küste entlang. Und so findet der Besucher heute in Genua viele zugemauerte Handelsarkaden. Die ehemaligen Kaufleute brauchten sie nicht mehr, bauten sie zu Banken um und wurden Bankiers. Genua, die Stolze, (noch heute bekommt man diesen nicht zum Tourismusbetrieb passenden Stolz bei unfreundlichen Kellnern zu spüren), handelte fortan nicht mehr mit Waren, sondern mit Geld. Und blieb reich. Was Wunder, daß es die in ihrer Zeit berühmtesten Maler, Architekten und Bildhauer nach Genua holte: Alessi, Bianchi, Pisano, Puget, Sacchi, Rubens, van Dyck, Velázquez...

Nach drei Tagen, unterbrochen nur von jeweils zwei Mittagsstunden, in denen professore im ristorante seinen vino rosso genießt, haben wir nicht einen Bruchteil der Museen, Galerien und Ausstellungen gesehen. Endlich Erholung von der großen Kunst durch Kitsch-Kunst in Pegli, außerhalb von Genua, im Park

Durazzo Pallavicini. 1840 vom Bühnenbildner der Genueser Oper im Auftrag des reichen Pallavicini auf einem unfruchtbaren Gelände geschaffen. Gotische Eichenalleen, Pinien, künstliche Seen und Arkaden, ein neoklassischer Kaffeetempel, Hunderte Kamelienbüsche, deren abgefallene Blüten sich auf der Erde zu bunten Fresken verstreuen, eine chinesische Pagode, Alpeneinsiedelei, türkischer Pavillon und ein Triumphbogen mit der Inschrift: »Leb wohl, Stadt! Ich hoffe, daß Wälder, Flüsse mich in den irdischen Himmel bringen.« – Mittlerweile hat man unter das Paradies einen Höllentunnel gebohrt und Röhren für die vierspurige Autostrada hineingelegt.

Während der Fahrt nach Pegli, zeigt uns Elvira im Ortsteil Cornigliano einen stählernen Kraken, der sich kilometerweit am Meer entlang ausgebreitet hat: ein Stahlwerk, noch nicht dreißig Jahre alt. Als Überbleibsel aus der früheren Park- und Villenlandschaft steht vor dem Ungetüm ein wunderschöner kleiner Palazzo. Er sieht aus wie der zierliche Fingernagel eines ansonsten unvorstellbar häßlichen Monsters. Elviras Mann und ihr Sohn haben hier gearbeitet. Früher 2 000 Beschäftigte, jetzt noch hundert und bald kein einziger mehr.

Die Reiseleiterin, sonst politisch eher zurückhaltend, gibt uns ihren zweiten Ratschlag: »Zerstört für einen Augenblicksgewinn nicht die Geschichte und die Natur. Es läßt sich nie wieder reparieren.« Der erste war ähnlich gewesen. Sie hatte uns erzählt, daß die größte Gemäldesammlung Genuas einem schwerreichen Privatmann gehört. »Und der zeigt sie nur seinesgleichen...« Gleiches geschehe inzwischen mit privatisierten Theaterkleinodien. »Deshalb sollten historische Kunstwerke immer Eigentum der Allgemeinheit sein.« Ich muß an die Adelsenkel denken, die mittlerweile sogar die Schätze der Weimarer Klassik zurückverlangen und sie rechtlich auch erhalten müssen, und ich verwünsche uns Arbeiter und Bauern, die wir vierzig Jahre die Macht hatten und nicht einmal ein international gültiges Gesetz zuwege brachten, um das zu verhindern...

Am Abend singen auf der Straße ein paar Italiener das berühmte »Avanti populo«. Sitte fragt sie nach den Wahlergebnissen und bestellt einen weiteren Liter roten Wein. 22,1 Prozent für die

PDS, die Nachfolgerin der Italienischen Kommunistischen Partei. Professore philosophiert: »Wenn das doch mal zur Bundestagswahl einträfe: 22,1 Prozent für die PDS!« Und wir trinken mit den Italienern auf die Italiener.

Zwei Tage später schlägt das Wetter um. Regen und böiger Wind. Wir stehen am Hafen von Rapallo, frieren und warten auf das bestellte und schon bezahlte Schiff, das uns zum Golfo Paradiso fahren soll, nach Santa Margherita, Camogli und zur idyllischsten Sehenswürdigkeit von Ligurien, der Abtei San Fruttuoso, Grabstätte der Dorias und einzigartige Verschmelzung von unberührter Natur und menschlicher Behausung. So steht's im Prospekt. Die Reiseleiterin vertröstet uns, als das Schiff dreißig Minuten nach der geplanten Abfahrtszeit immer noch nicht zu sehen ist. Nach einer Stunde tuckert die »Evita« zu uns herüber, sie lag nicht seemeilenweit, sondern nur seemeterweit entfernt am Kai. Der Kapitän hatte gehofft, daß wir uns bei dem Wetter wieder trollen würden. Mißmutig bringen sie uns bis Santa Margherita, laden uns aus, bei dem Wellengang würden sie nicht weiterfahren. Nichts ist es mit dem Kleinod San Fruttuoso. Und die vor zwei Tagen auf die Italiener tranken, schimpfen nun: »Allesamt Mafiosi, diese italienischen Betrüger.« Und verlangen, daß das Reisebüro die schon bezahlte Bootsfahrt zurückverlangt... Aber professore winkt ab. Es gäbe Begebenheiten, über die könne man sich empören, aber zu beweisen sei nichts... »Sturm ist für Seeleute die beste Ausrede. Wer will das in Berlin überprüfen?« Als der Chef der Dresdner Gemäldegalerie für eine Ausstellung in Kappenburg keinen Sitte auslieh, sei es genauso gewesen. »Da sagt der nicht: Ich habe was gegen den Sitte, deshalb bleibt der im Keller. Nein, er antwortet höflich ›Das gewünschte Bild wird zur Zeit restauriert.‹ Und Restauration ist für Galeristen das gleiche wie Sturm für Kapitäne von Ausflugsdampfern.« Ich sage zu Sitte, daß seine Entscheidung, nie mehr in der ehemaligen DDR auszustellen, trotz aller Anfeindungen falsch sei, schließlich hätte er viele Freunde, die darauf warten, seine Bilder wiederzusehen. Er wird barsch. »Nachdem man auf Betreiben von ehemaligen DDR-Kollegen meine zwei in der Berliner Nationalgalerie hängenden Bilder wieder abgenommen hat und sich kaum jemand ernsthaft empörte... Nee, nun nicht mehr. Und bitte scheen, es steht jedem frei, die in den Kellern liegenden Sitte-Bilder anzufordern und selber auszustellen.« Sitte sagt, daß er nicht drüber reden will, statt dessen nimmt er einen Schluck Rotwein und danach einen Espresso mit Grappa.

Außerhalb, auf einer Anhöhe vor Santa Margherita, thront das früher zu Rapallo gehörende Nobelhotel »Imperial«, dort schlossen Tschitscherin und Rathenau jenen legendären Friedensvertrag. Nein, sagt die Reiseleiterin, den Ratifizierungsraum könne man nicht besichtigen, ein Hotel sei kein Museum. Fünf von uns versuchen es trotzdem. Stehen tropfnaß in der großen goldverzierten Vorhalle.

Ein Portier kann deutsch, natürlich werde er zeigen. Und er zeigt uns den Speisesaal. Einer der Stuckengel hat Löcher im Bauch. Quartier der Deutschen im Zweiten Weltkrieg. Ein Offizier, der zuviel getrunken hatte. »Er schoß, Gott sei Dank, nur auf einen leblosen Engel.«

Dann der Ausblick von oben: Meer und Häuser in ästhetischer Eintracht. »In Santa Margherita darf nichts mehr gebaut werden, von niemandem. Hier kannst du mit hundert Kilo Heroin oder Dynamit unbehelligt an der Polizeiwache vorbeilaufen. Aber wenn du einen Sack Zement vom Auto lädst, ist sofort Großalarm.« Das Hotel ist noch fast leer. Im Winter werde es geschlossen, erzählt der Portier, fast sechs Monate sei er dann arbeitslos. 300 DM Arbeitslosengeld im Monat. »Unser teuerstes Zimmer kostet für eine Nacht 1 200 DM.« Natürlich habe er PDS gewählt... Endlich führt er uns in einen runden Kuppelbau. Ringsum an den Wänden ist die Weltgeschichte mit Fotos und Kopien vom ersten Vertrag zwischen Deutschland und Sowjetrußland verewigt. Eine von uns, zuvor in der Abteilung Agitation-Propaganda einer mecklenburgischen SED-Kreisleitung, sagt: »Furchtbar, da müssen erst die DDR und die Sowjetunion kaputtgehen, damit unsereiner hier stehen und den ersten Staatsvertrag jenes Landes sehen kann, das es nun nicht mehr gibt.«

Der nächste Ausflug: mit dem Linienschiff nach Cinqueterre. Es ist überfüllt mit jungen und alten Italienern, Liebespaaren und Veteranen in dunklen abgewetzten Anzügen. Die Italiener feiern den einundfünfzigsten Jahrestag der Befreiung Italiens vom Faschismus. Cinqueterre, das sind Steilhänge am Meer, fast vegetationslos, fünf Dörfer wie angeklebt an die Felsen. In den weit geschwungenen Bergeinbuchtungen Weinstöcke und Ziegenpfade für die Menschen, die sich, statt Geländer zu benutzen, an Stricken herunterhangeln... Nichts im Reiseführer ist übertrieben: »Dort, wo sich die Elemente unvermittelt gegenüberstehen, mit großem Szenarium ihr Spiel von Sieg und Niederlage, von Tod und Leben vorführen, dort, wo zwischen Fels und Brandung die Natur ursprünglich keinen Platz vorgesehen hatte, außer vielleicht für Möven, dort wohnen Menschen...«

Sie leben vom Tourismus, dem Fischfang und ihren weltberühmten Weinen. Die meisten von uns bleiben beim Wein sitzen, einige Unentwegte klettern im strömenden Regen am Steilhang vom Dörfchen Monterosso ins Dörfchen Vernazza.

Als wir nach drei Stunden aufgeweicht zurück sind, sagt Sitte, der in der Zwischenzeit beim vino rosso saß: »Na, ihr Partisanen!« Professore hat seine Partisanenübung schon vor zweiundfünfzig Jahren in Oberitalien absolviert. Ein paar Daten zur Erinnerung: Autodidakt in Reichenberg (Vorbilder unter anderen Tizian und Raffael, die er kopierte). Ende 1940 Einberufung in die Meisterschule für Monumentalmalerei »Hermann Göring«. Arbeit am Riesengobelin der deutschen Schicksalsschlachten, Spezialgebiet Faltenwurf. Wegen Aufmüpfigkeit Versetzung an die Ostfront. Schlamm, Erfrierungen, Lazarett. Später nach Italien. Setzt sich zusammen mit einem Pater für das Leben italienischer Geiseln ein. Auf dem Transport zum Kriegsgericht flieht er. Durchschwimmt den Po. Schlägt sich hunderte Kilometer zu den italienischen Partisanen durch. Wird Mitglied des Komitees zur Befreiung Italiens. »Heute vor einundfünfzig Jahren feierten wir in dem kleinen oberitalienischen Dörfchen Montecchio den Sieg. Die roten, die kommunistischen Partisanen tranken in der kleinen Schule des Dorfes, dort lagerte Dynamit. Irgendeiner, der seinen Zigarettenstummel wegschmiß, hatte das vergessen. Die ganze Schule explodierte. Ich war nicht mit drin, ich war bei den christlichen Partisanen.« Nein, damals hätte kaum einer von einer sozialistischen Zukunft Italiens gesprochen. »Die Partisanenabteilungen lösten sich auf, und die alten politischen Parteien übernahmen das Regime.« Und Sitte illustrierte in einem Kloster die Bibel...

Naß, wie wir sind, wärmen wir uns in der Kirche von Vernazza. Hunderte Kerzen brennen, und fast jeder von den Italienern entzündet zum Gedenken an die Befreiung eine neue.

Vor unserm Hotel legt einer der vielen Armen im Nobelseebad Rapallo sorgfältig eine Zeitung auf die Straße. Stellt eine Aluminiumschale mit Pasta und eine mit Tomaten darauf. Hockt sich daneben. Er ißt sehr langsam, vielleicht eine halbe Stunde braucht er. Dann trägt er die Reste seines Feiertagsessens sorgfältig in einen Abfalleimer des Hotels.

Uns bleiben noch zwei Tage mit Kirchen, Museen, Galerien und der Zwingburg in Savona, die die Genuesen dort nach ihrem Sieg über die Nachbarstadt bauen ließen. Dazu frisch gebratenen Fische, die köstliche grüne ligurische Basilikum-Käse-Soße »pesto« und Weine aus der Cinqueterre. Und das Anstoßen mit den Italienern auf den Wahlsieg der Linken...

Schließlich die 1 200 Kilometer Rückreise. Kurz vor München Plakate. »Zum 1. Mai. Stadtrat Brunner spricht: Protest gegen Arbeitslosigkeit, Europawahn und die Ausplünderung Deutschlands!«

Wir sind wieder »zu Hause«.

Wie deutsch ist das Riesengebirge?

Den deutschen Ortsnamen für Pec pod Snezkou kannte ich viele Jahre lang ebensowenig, wie den von Jelenia Góra oder Liberec, denn der Geographielehrer hatte in der Schule nie von Hirschberg und Reichenberg gesprochen. Wer Städte in Polen oder der Tschechoslowakei bei ihren alten deutschen Namen nannte, war ein »westdeutscher Revanchist«. Lediglich Auschwitz hieß in DDR-Schulbüchern Auschwitz.

Dank des deutschen Reiseführers »Riesengebirge« weiß ich, daß Pec pod Snezkou Petzer hieß, eines der kleinsten Städtchen von Tschechien ist und im Riesengebirge (Krkonose) am Fuße der Schneekoppe (Snezka) liegt.

Ich komme erst nachts aus dem frühlingshaften Flachland in Pec an, staune über den hohen Schnee und erschrecke vor Tausenden von Autos auf überfüllten Parkplätzen. Im kalten Lampenlicht entziffere ich die Kennzeichen: Cottbus, Schwerin, Erfurt, Dresden... Über die Hälfte aus den neuen Bundesländern. Dazu einige Tschechen, Polen und vereinzelt auch Autos aus Westdeutschland. Bevor mich eine Schneeraupe zur Übernachtung in die tausend Meter hoch gelegenen Baude »Bila Labut« (Weißer Schwan) kutschiert, wärme ich mich in der Bude des alten Parkwärters auf. Wattejacke und grüne Wollmütze und ein Gesicht wie das einer holzgeschnitzten Rübezahlfigur. In gebrochenem Deutsch erzählt er, daß hier bis zum Mai Schnee liegt und daß Petzer fünfhundertsechzig Einwohner zählt. Und 10 000 Touristen.

»Deutsche?«

»Ja, jetzt immer mehr von Deitschland.«

Ich frage, ob er ein Sudetendeutscher ist. Er schüttelt den Kopf. In Petzer würde nur noch ein Deutscher aus der Zeit vor 1945 wohnen. »Aber heute, wo hier fast alles wieder deitsch wird, ist es gut, wenn man ä bissl deitsch spricht.« Ein junger, sehr beleibter Pecer Polizist, der sich auch wärmen will, widerspricht und flucht auf tschechisch über die Nemzis. Drei deutsche Touristen aus Pec mußten sie in diesem Jahr schon zur Grenze bringen und ausweisen. Hätten Taxifahrer und Polizisten verprügelt. Die Autofahrer würden rasen, als ob sie die Herren eines gesetzlosen Gebietes wären. Hundert tschechische Verkehrstote im letzten Jahr seien die Opfer von Ausländern, hauptsächlich Deutschen gewesen. »Vole-Nemez« (Ochse-Deutscher). »Trotzdem ist's gut«, grient der Holzgeschnitzte, »wenn du heit deitsch sprichst – kriegst eher Trinkgeld.«

Vladimir Novotny, der Chef vom »Weißen Schwan«, spricht deutsch mit österreichischem Akzent. Der Großvater, ein gebürtiger Hofbauer, hätte bei Budweis gesiedelt. Die Baude gehört Vladimir nicht, er arbeitet seit fast zwanzig Jahren als Verwalter hier oben. Staatsbetriebe wären die Eigentümer der Bergbauden gewesen, die Bauden hießen heute noch »Turbina« – »Lokomotiva« – »Energetika«. Besitzer vom »Weißen Schwan« sei der Prager Betrieb »Projekta« gewesen. Er zeigt mir die »Kronika«. Zerfleddert schon. Betriebs-Kinderferienlager aus der DDR haben kleine Verschen verfaßt. Ansonsten bis 1989 fast nur Tschechen. Danach keine Ferienlager mehr, auch kaum noch Tschechen, dafür Deutsche. Einzeln und in Gruppen. Punks aus Westberlin. »Als ich die sah, dachte ich: ›Herrgott hilf!‹ Und er hat geholfen, sie waren friedlich.« In der Kronika verewigten sie sich: »Die Schwarz-ROT-Front wünscht allen einen angenehmen Aufenthalt. Außer der rechtsbraunen Masse – denen viele Stürze und gebrochene Beine.« Und dann wären Neonazis aus Ostberlin hiergewesen, die hätten das Radio aus dem Fenster geschmissen. Nein, nichts eingetragen. Aber am anderen Tag finde ich zwischen den Seiten ein herausgerissenes Blatt: »Gebt den Deutschen, was den Deutschen gehört: Schlesien, Pommern und das Riesengebirge. Und nehmt ihnen weg, was nicht dazugehört: Kommunisten und Ausländer.« Früher hätte die Baude, wie fast alle Häuser im Ort, ein Deutscher besessen, ein gewisser Schräfel. Der Sohn Christian aus Burg sei vor vier Jahren hier gewesen. »Aber die Regierung hat ein Gesetz erlassen: Nichts darf jetzt an Ausländer verkauft werden. Es hieß, um unser Eigentum vor den Deutschen zu schützen, aber der wahre Grund... Also sehen Sie, diese Baude haben 1990 zwei ehemalige kommunistische Betriebsleiter von Projekta privat für 2,6 Millionen gekauft. Und nun für fünf Millionen an einen ehemaligen Genossen Baudirektor verscherbelt. Und der kann, wenn das Gesetz geändert wird – und es wird geändert, denn nur Ausländer haben das Geld, um die kaputten Häuser und Fabriken zu reparieren –, der kann dann die Baude für sieben Millionen an die Deutschen verkaufen.«

Am nächsten Morgen stiefele ich hinunter ins Tal. Trotz Nebel auf den Bergen Hochbetrieb in der Skiausleihstation von Peter Kos. Funken sprühen beim Schleifen der Kanten. Ich frage den mit vorgebundener Lederschürze einem Schmied ähnelnden Skiverleiher, weshalb so wenige tschechische Touristen nach Pec kommen. »Der Tagesverdienst eines Schlossers reicht bei den auf die Deutschen ausgerichteten Preisen in Pec gerade für zwei Bier und eine Liftkarte. Bist ein Tscheche und hast kein Geld, um in deiner Heimat Urlaub zu machen.« Und er flucht auf deutsch: »Scheiße kommt nicht über Berge, aber über Menschen!«

Ein Deutscher erwidert, daß die Tunesier auch nicht am Golf von Tunis Urlaub machen könnten, genausowenig, wie er als Hausmeister vom ehemaligen Interhotel in Rostock das Geld hätte, in solch einem Hotel in Dresden oder Oberhof zu logieren. Da würden jetzt die Westdeutschen wohnen. »Und ich leiste mir Tschechien!«

»Und die Tschechen?«

»Die sollten vielleicht nach Russland... oder Tschetschenien.«

Gelächter.

Auf dem Weg zum Bürgermeister der Stadt stehen in der engen Talstraße zwei Dutzend deutsche und tschechische Autos im Halteverbot. An fünfen – nur ostdeutschen – blockieren Polizeikrallen die Räder. Der Bürgermeister Magister Jiri Ratajik sitzt mit den sieben Stadträten bei einer Beratung. Freundlich, leise unterbricht er, um mir Auskunft zu geben. Im letzten Herbst wären viele Busse mit Heimwehtouristen, den Deutschen, die früher hier Häuser besaßen, in Pec gewesen. Nein, Vorkommnisse hätte es keine gegeben, aber die Angst, daß sie wiederkommen... »Wissen Sie, hier waren die Menschen früher nicht aufgeteilt in Polen, Tschechen und Deutsche. Alle waren Gebirgler, Riesengebirgler!

Das war ihre Nationalität.« Das andere sei Sache der Politik gewesen, sowohl die Verbrechen der Nazideutschen als auch die Aussiedlung der Deutschen.

Einer der Stadträte bringt mich nach draußen und erzählt empört, daß die vom tschechischen Starkbier betrunkenen Heimwehtouristen in der Gaststätte sehr laut das Deutschlandlied und danach auch das Riesengebirgslied angestimmt hätten. Ich kenne dieses Liedes aus dem schon erwähnten Reiseführer, 1992 in Würzburg erschienen: »...O mein liebes Riesengebirge, wo die Elbe heimlich rinnt, wo der Rübezahl mit seinen Zwergen heut noch Sagen und Märchen spinnt. Riesengebirge, deutsches Gebirge, meine liebe Heimat du!«

Und darunter die Gebrauchsanweisung: »Das Lied war jahrzehntelang verboten. Heute können Sie es getrost wieder anstimmen.«

Am nächsten Tag treffe ich mich mit Wolfgang Berger, dem letztem Petzer Deutschen aus der Vorkriegszeit. Der Einundsechzigjährige arbeitet in der Bergrettungsstation, einem modernen Neubau aus Glas und Beton. »1945 flüchteten hier zuerst die großen Hoteliers wie der Schubert, die waren ja alle aktive Nazis. Mein deutscher Vater war damals gerade gefallen, und weil meine Mutter Tschechin war, wir drei Kühe und ein Haus hatten und vier Kinder waren, blieben wir in Petzer. Alle anderen jagte man weg, bis auf ein paar erfahrene deutsche Holzfäller. Und meine Geschwister und ich mußten ein Jahr mit weißer Binde und einem N für Nemez herumlaufen. Wie Aussätzige. Nach zwei, drei Jahren, wir waren ja damals alle gleich arm, legte sich der Haß wieder.«

Bevor ich gehe, lobe ich das Aussehen der neuen Bergrettungsstation. Berger protestiert. Nein, das Haus sei schlampig gebaut. »Weil es billiger ist, hat man dafür Schwarzarbeiter aus der Ukraine geholt. Die Tschechen gehen als Billigarbeiter nach Deutschland, und hierher kommen die noch billigeren Arbeiter aus der Ukraine.«

Ich frage ihn, ob er sich wünscht, daß das Riesengebirge wieder deutsch wird. »Nein. Aber wenn die Tschechen arm und die Deutschen reich bleiben, wird das Riesengebirge eines Tages wieder deutsch werden. Dann kaufen sich's die Deutschen einfach zurück, ihr Riesengebirge.«

Am Nachmittag beobachte ich einen Skifahrer am Hang der Schneekoppe, der die Enden einer Plasteplane zu einem dickbäuchigen Segel zusammengebunden hat. Rübezahls Sturmwind, der hier oben ständig bläst, pustet ihn nach jeder Abfahrt immer wieder den flachen Hang hinauf. Er sei Ingenieur in den weltbekannten Skoda-Werken von Pilsen, erzählt mir Milan Kuczera. »Mit dieser Technik spare ich täglich fast zweihundert Kronen Liftgebühr«.

Und lacht wie Schwejk.

Nach der Himmelfahrt auf Hiddensee

Am darauffolgenden Wochenende brüten die Säbelschnäbler, Sandregenpfeifer und Brandgänse wieder ungestört. Die drei ABM-Nationalparkwächter von Hiddensee sammeln Hunderte Bierbüchsen und Schnapsflaschen zwischen Thymian, wildem Spargel und Grasnelken. Die Dauerurlauber spazieren in der noch wintergrauen Heide, und die Tagestouristen, die auf der Fähre oder mit dem Wassertaxi von Rügen herübergekommen sind, mieten sich die noch girlandengeschmückten Pferdekutschen. Mit zwei vorgespannten Kaltblütern Abfahrt in Richtung Kloster zum Wohnhaus von Gerhart Hauptmann. »Das war der mit dem Gedicht von die armen Weber« erklärt der Kutscher und knallt die Peitsche als würden die Gäule wirklich darauf reagieren. Während der Fahrt wird er sein Verschen von »dat söte Länneken« aufsagen, wie die Einheimischen ihr Hiddensee nennen. Daß es die einzige größere betretbare Ostseeinsel ist (überall Wasser drumherum). Vier Dörfer: Grieben, Kloster, Vitte und Neuendorf. 1 300 Einwohner und über 4 000 Gästebetten. Achtzehn Kilometer lang und einen breit. 1990 zum Nationalpark erklärt, deshalb dürfe niemand abseits der öffentlichen Wege gehen. Vor der Wende 200 000 Touristen im Jahr, nun schon über eine halbe Million. Meistens Tagesausflügler. Schlecht für den Magerrasen, aber gut für das Fuhrgeschäft. Viel Prominenz sei schon hiergewesen. Er könnte stundenlang Namen aufzählen. Tut es aber nicht, also nenne ich ein paar: Das Doppelhaus neben der »Quelle«-Filiale gehörte dem Sohn von Sigmund Freud, dort wohnte auch der Vater.

Am Ortsausgang von Vitte steht das Haus von Stummfilmstar Asta Nielsen... Weitere Gäste auf der kleinen Insel: Antje Vollmer. George Grosz. Max Reinhardt. Die deutsche Wehrmacht, deren Bunker auch nach der Sprengung noch zu sehen sind. Henny Porten. Die Palucca, die wie Hauptmann und Walter Felsenstein auf Hiddensee beigesetzt ist. Ernst Toller. Manfred Stolpe. Das ZK der SED, dessen Ferienhäuser die Hiddenseer Ende 1989 unter wohnungssuchenden Inselbewohnern verlost haben. Wilhelm von Humboldt. Carl Zuckmayer. Volker Rühe (ohne Pressebegleitung, nur der alte Lehrer Ehmer berichtete in den Inselnachrichten) mit seinem österreichischen Kollegen nebst Gattinnen. Puppenmutter Käthe Kruse, die die Lietzenburg in Kloster geerbt hatte. Björn Engholm. Joachim Ringelnatz. Das MfS der DDR, das u.a. eine Holzvilla »kaufte«, in der sich unregelmäßig Günter Guillaume und regelmäßig Markus Wolf vom Dienst erholt haben, und in welcher heute der aus Ostfriesland importierte Bürgermeister Norbert Athing (40) wegen der fehlenden Wärmedämmung im Winter furchtbar friert. Anna Seghers. Thomas Mann. Günter Grass mit seiner Frau Ute. (Ute Grass entstammt einer Hiddenseer Arztfamilie, die in den sechziger Jahren in den Westen gegangen war. Als sie – noch zu DDR-Zeiten – zum erstenmal mit ihrem Mann wieder auf die Insel kam, bestaunten die Einheimischen ihre Ute. »Gut siehste aus« – »Groß biste geworden.« – »Schön, daß du uns besuchst.« Später zeigte einer auf Grass und fragte höflichkeitshalber: »Und das ist wohl dein Mann, Ute?«)...

Die Fischer im Hafen sind nicht geschwätzig. Nur über die Fischerei reden sie ungefragt. Bei Honecker hätten sie für das Kilo Heringe 1,40 Mark bekommen, heutzutage nur noch 35 Pfennige. Kaum daß sie den Diesel für die Boote bezahlen könnten. »Aber die Händler verdienen sich an unserem Hering dumm und dußlig, verkaufen ihn im Laden für sieben Mark.« Ich sage, daß ich an den Imbißständen auf Hiddensee zwar Bockwürste oder Fritten, aber keinen frisch gebratenen oder geräucherten Hering essen könne. »Eure Frauen würden dadurch aus den 35 Pfennigen vielleicht zehn Mark machen!« Sie gucken mich böse an. Ihre Frauen brauchten keine Fische zu braten, die hätten Feriengäste. »Die Regierung muß den Fischpreis erhöhen. Aber die stecken mit den Geldleuten unter eine Decke. Den Fischgroßhändlern. Und den Reedereien, wie die Flensburger, die zu Hause fast bankrott war, hier die Weiße Flotte aufgekauft und von der Landesregierung die Fährkonzession erhalten hat und nun mit den Hiddenseetouristen ein gutes Geschäft macht. Und sich die Konkurrenz, unsere

Hiddenseer Wassertaxis, mit Gerichtsbeschluß vom Halse schafft. Verdammtes Kroppzeug.«

Sie trinken und schimpfen auf die Regierung. Ich leihe mir in Vitte bei Christian Kula ein Fahrrad aus. 10 DM am Tag. Gleicher Preis bei allen Vermietern. Aber die Fahrradverleiher drängeln wie in Neuendorf immer näher zum Hafen. »Am liebsten würden sie die Tagestouristen schon auf der Fähre abfangen.« Auf der idyllischen Insel mit Steilküste, langen Sandstränden, Dünen und stillen Abenden – gewöhnliche Sterbliche erhielten vor der Wende nur durch staatliche Beziehungen oder reichliche Mangelwaren-Mitbringsel wie ungarische Salami und Keramikfliesen ein Feriendomizil auf Hiddensee – ist auch heute noch das schnelle Geld zu verdienen. Nur wenige Schritte neben Kula bietet eine nichteinheimische Immobilienfirma im Schaukasten »Gastronomische Betriebe und Baugrundstücke in Vitte, 12 000 qm Grünland in der Heide, Ferienappartements, Appartementwohnungen und Ferienhäuschen in der Heide« an. Baugrundstücke in Vitte kosten 400 bis 1 000 DM je Quadratmeter. Vierzig Pedalumdrehungen weiter bietet ein zwölfjähriger Junge in einem Schuhkarton Hunderte von Bernsteinen an. Die hat er im Winter wochenlang am eisigen Strand gesammelt. Ich kaufe fünf für insgesamt fünf Mark, und er zeigt mir, wo Detlef Ewert wohnt.

Detlef Ewert ist einer von den drei Wassertaxifahrern, die ihr Unternehmen wegen der gerichtlichen Intervention seitens der übermächtigen Flensburger Reederei aufgeben mußten. An seiner Haustür steht: »Hier leben, lieben und streiten Marion und Detlef Ewert.« Beide sind vierzig. Sie ist Lehrerin auf der Insel. Bangt um ihre Anstellung, denn ab Herbst müssen die Klassen zusammengelegt, die verschiedenen Altersstufen gemeinsam unterrichtet werden. Zwergschulmodell. 1989 waren noch achtundzwanzig Kinder auf der Insel geboren worden. Inzwischen freut man sich über zwei. »Aber es muß an der neuen Gesellschaft liegen«, klagt die Lehrerin, »denn unsere Männer sind ja nicht weniger potent als vor der Wende.« Sie haben drei Kinder. Nach dem jüngsten, der Susann, hat Detlef sein Wassertaxi benannt. Er ist gelernter Vollmatrose. Zuerst bei der Handelsflotte. Danach das, wovor in der DDR alle Seeleute Angst hatten: Einziehen des Seefahrtsbuches ohne Begründung. Ein halbes Jahr Binnenschiffer auf der Elbe. Dann Bagger- und Bugsierdienst Rostock. 1989 war auch dort Ebbe. Im Juli 1992 endlich sein eigener Herr. Für 120 000 DM Kredit kaufte er sich ein Wassertaxi. »Wir waren hier fünf kleine private und zwei größere Wassertaxis der Reederei. Die 3 000 bis 8 000 Touristen am Tag reichten für alle, auch für die großen Fähren. Doch die Flensburger wollen das Monopol. Und weil wir nur eine Gewerbeerlaubnis, aber keine Konzession besaßen, waren wir die ersten, die sie mit einstweiliger Verfügung versenkt haben. Ab Karfreitag Fahrverbot. Bei Zuwiderhandlung eine halbe Million Strafe. Nur die Zinsen für den Kredit laufen weiter.«

Nun hoffen die drei Bootsleute auf eine politische Entscheidung im Landesministerium, auf eine Konzession für eine Insel-Reederei, in der Kommune, Wassertaxiverein und Weiße Flotte gleichberechtigt vertreten sind. »Nur so können wir die Zahl der Tagestouristen begrenzen und verhindern, daß die Insel an ihnen erstickt. Denn die Flotte hat doch nur ein Interesse: Je mehr Ausflügler sie übersetzen kann, um so mehr verdient sie!«

Zwanzig Minuten brauche ich mit dem Fahrrad von Vitte nach Kloster. Vor Hauptmanns Haus drängeln viele Touristen. An seinem mit Efeu überwachsenen Grabstein stehe ich allein. Den Efeu hatte Hauptmann 1932 bei einem Amerikabesuch geschenkt bekommen. Er stammt aus dem Garten von George Washington, und der Präsident soll ihn eigenhändig gepflanzt haben.

Vom Hauptmann-Haus (jährlich 60 000 Besucher) pilgern die Touristen zum Aussichtspunkt, dem siebzig Meter hoch stehenden Leuchtturm. Über den zweiten »Aussichtspunkt« an der Steilküste, die Radarstation der DDR-Grenztruppen mit zwei Stacheldrahtzäunen drumherum, ist schon Gras gewachsen. Die Station und die Zäune mochten die Hiddenseer in ihrer sonst zaunlosen Weite nicht. Im Herbst 1989 verlangten sie den Abriß. Einige Gemeindevertreter wollten noch eine Jugendherberge daraus machen, aber Bernd Blase (53), früher Biologielehrer und seit 1991 Chef des Nationalparks auf Hiddensee, organisierte 1992 ein Lübecker Pionierbataillon, das in einer Nacht-und-Nebel-Übungsaktion die NVA-Grenzstation mitsamt den Zäunen beseitigte. Das war einer der Nachwendeerfolge auf Hiddensee. Außerdem wurde eine biologische Kläranlage gebaut, das Abwasser läuft nicht mehr einfach in die Ostsee. Die Müllkippe der Insel ist inzwischen geschlossen, der Müll wird auf das Festland gebracht. Durchgesetzt ist ein strenges Bauverbot außerhalb der Ortslagen. Und die Autofreiheit der Insel. Die drei Nationalparkwächter kümmern sich um Wanderwege, Schilder, Naturschutz und agitieren die Tausende Tagestouristen, daß sie auf dem Pilgermarsch zu Hauptmann und dem dicken Leuchtturm nicht abseits der Wege gehen. Doch die uniformierten Nationalparkwächter haben keine Flinten wie ihre US-Kollegen, und wenn sich ein Natursünder weigert, den Ausweis zu zeigen, müssen sie erst Amtshilfe, das heißt einen der zwei Inselpolizisten, anfordern. Und Bernd Blase, ihr Chef, der 1992 die endlos zaunlose Wanderweite von Hiddensee durch ein Pionierbataillon wiederherstellen ließ, mußte inzwischen neue Zäune bauen lassen! Damit die Grasnelken, das Tausendgüldenkraut und die Sandstrohblumen vor den Schuhen und Mountain-Bike-Reifen der Touristen geschützt werden können. Zuerst hatte auch der Inselpfarrer Manfred Domrös gegen die neuen Zäune protestiert. Er gehörte in der DDR zu den engagierten Kirchenoppositionellen, rief auf den Leipziger Montagsdemos »Wir sind das Volk« und versammelte im Herbst '89 fast 400 Hiddenseer in seinem Kirchlein. Dort verfaßten sie gemeinsam einen Brief gegen die Willkür der Mächtigen von Partei, Staat und Großbetrieben auf der Insel. Sie waren schneller als Treuhand und Kommission fürs Parteienvermögen, beschlagnahmten deren Häuser und verlosten sie zum Verkauf an bedürftige einheimische Familien. (Eine hat das Haus gleich weiterverkauft, war plötzlich gar nicht mehr so bedürftig wie zuvor und kam auch nicht auf die Idee, es der Gemeinde zur erneuten Verlosung zurückzugeben.)

Das Pfarrhaus steht gegenüber vom Friedhof. Drinnen schreit ein Baby zum Gotterbarmen. Als mir der Pfarrer öffnet, füllt er die Tür aus. Er ist zwei Meter groß. »Unser Kleinstes kriegt die Haare gewaschen.« Er hat sechs Kinder. Nachdem seine erste Frau gestorben war, ging er vor zehn Jahren allein mit vier Kindern als Pfarrer von Potsdam nach Hiddensee. Er mäht das Gras hinter dem Pfarrhaus noch mit der Sense, hackt sein Feuerholz mit dem Beil. In der Kirche hat er das Bild eines mächtigen Baumes aufgehängt.

Darunter steht: »Durch Rücksichtslosigkeit haben die Menschen Erfolg. Erlangen, was sie begehren. Aber danach verdorren sie an der Wurzel.«

Im Regenmantel fährt er die zehn Kilometer zum sonnabendlichen Gottesdienst nach Neuendorf. Von den 1 300 Inselbewohnern sind 900 Mitglieder seiner Pfarrgemeinde. Aber die versammeln sich nur Winters in der Kirche, der Sommer gehört auf Hiddensee in jeder Beziehung den Touristen. Etwa fünfzig sind gekommen. Und weil der Inselpfarrer von der Kanzel und wohl auch in der Kneipe mit nur einer Zunge redet, kann ich getrost Sätze aus seiner Predigt und aus privaten Gesprächen vereinen: »Das Leben auf der Insel ähnelt der Zeit zwischen Himmelfahrt und Pfingsten: Jesus ist schon von uns gegangen, aber der allmächtige Geist ist uns noch nicht erschienen... Auswärtige kommen hierher, wollen mit diesem Eiland spekulieren, die Insel finanziell ausnutzen. Wenn sie scheitern, kümmert sie das Schicksal von Hiddensee nicht mehr. Sie gehen einfach zurück, müssen hier nicht leben... Wenn ich an die Ärmsten der Welt Suppe verteile, so nennt man mich einen Heiligen. Aber wenn ich nach den gesellschaftlichen Ursachen dieser Armut frage, dann stellt man mich in die Ecke, schimpft mich einen Kommunisten... Ich möchte die Mächtigen, die den Lebensunterhalt der Wassertaxifahrer vernichten, an ihre christliche Moral erinnern. Ich weiß, daß juristisch nichts mehr zu retten ist, aber wir sollten uns mit den Flensburgern an einen runden Tisch setzen und fragen: Wieviel Tagesausflügler braucht die Reederei, um leben zu können? Wieviel davon vertragen die Ruhe suchenden Dauergäste, die den Vermietern das Geld bringen? Wieviel brauchen die Gastwirte? Wieviel die Vögel und Pflanzen? Wir müssen auf der Insel miteinander leben und nicht wegen des Mammons gegeneinander.«

Auf dem Rückweg von Neuendorf nach Vitte treffe ich in der Heide, sehr gerade auf seinem Fahrrad sitzend, Friedrich Schorlemmer, den zur Zeit bekanntesten ostdeutschen Schriftsteller-Pfarrer. Seit 1992 lädt der Bertelsmann Club Schriftsteller zu Arbeitsgesprächen nach Hiddensee ein. In diesem Jahr diskutieren sie auf der Insel das Thema »Intellektuelle und die Macht«. Schorlemmer hat schon seit Jahren immer eine Woche lang beim

Inselpfarrer gewohnt. Er schätzt ihn sehr. »Aber wenn die kleinen Wassertaxis der Reederei ökonomisch ein Dorn im Auge sind, wird kein moralischer Protest mehr helfen! Der verlängert dann höchstens die Schmerzen des Todeskampfes.« Nachdenkliche Pause. »Den Utopisten und den Realisten in uns zu vereinen, fällt uns immer noch schwer.«

Der rotbärtige kurzhaarige Bürgermeister Norbert Athing aus Ostfriesland – er trinkt Unmengen Tee – will in seinem Amt Realist und Utopist sein. Er hat schon als Verwaltungsbeamter auf Helgoland Inselerfahrungen gesammelt. Und versucht sie seit 1990 auf Hiddensee »ostspezifisch« anzuwenden. »Natürlich nicht automatisch, denn dann müßte ich unseren FKK-Strand nach bundesdeutscher Tradition fein säuberlich isolieren, und könnte nicht, wie es hier vernünftigerweise immer noch üblich ist, Nackte und Textile einträchtig nebeneinander liegen lassen.« Nein, er meine nicht so sehr die Büroerfahrung als vielmehr seine Erfahrungen als Kind eines Wesermarsch-Bauern. »Ein Bauer weiß, daß er das schnelle Geld nicht auf Kosten des Bodens verdienen kann. Und als sich einige Hiddenseer 1990 den Supergewinn durch breitere Straßen, Hotelbau in der Heide und Autoverkehr auf der Insel versprachen, habe ich mich gewehrt.«

Die CDU-Unternehmer im Gemeinderat verlangten seine Abwahl. Da berief sich der parteilose Westbürgermeister auf das Ostmotto: »Wir sind das Volk!« Zwar kamen keine 400 mehr, aber fast 200 waren es immer noch. Und die sagten: Der Wessi soll bleiben! Inzwischen hat Athing von den drei Bibliotheken auf der Insel zwei geschlossen. Damit eine überleben kann. Er hat Kindergärtnerinnen entlassen und die übrigen verpflichtet, im 14-Tage-Turnus aus der Chemiestadt Weißenfels anreisende Kinder mit zu betreuen.

Damit der Kindergarten vorerst überleben kann. Das hat der Realist Athing veranlaßt. Der Utopist Athing träumt im Moment davon, daß die, die auf der Insel leben, auch übermorgen noch von ihr und auf ihr leben können. »Denn sein eigenes Land kann man nur einmal verkaufen. Und bei 1 000 DM Grundstückspreisen werden auf der Insel nicht mehr die Einheimischen für ihre Kinder bauen können.«

Doch es gibt schon Familien, die demnächst aus ihren Wohnungen raus und damit von der Insel runter müssen, weil die Alteigentümer zurückkommen. Auch deshalb haben die Hiddenseer eine Gesellschaft gegründet, die es so noch nirgends gibt: eine kommunale Wohnungsbaugesellschaft. Ohne bares Geld, nur mit der ersten Hoffnung auf die Rückführung kommunaler Flächen und der zweiten Hoffnung, daß sie, trotz ihrer über der förderungswürdigen Preisgrenze liegenden Bausumme – auf der Insel ist es wegen des Wassertransport viel teuerer als auf dem Land – eine Stützung für den sozialen Wohnungsbau erhalten. Mindestens die Hälfte der dreißig Wohnungen sollen an Familien von der Insel vermietet werden. »Damit die hier leben können, die schon immer hier gelebt haben... Zum Aufsichtsratsvorsitzenden unserer Wohnungsbaugesellschaft wurde Manfred Domrös gewählt.«

»Der Pfarrer?« frage ich.

»Ja, unser Inselpfarrer ist der Aufsichtsratsvorsitzende«, sagt der Bürgermeister.

Abends sitze ich wieder am Hafen. Die Fischer schimpfen auf die Regierung und über die zu niedrigen Heringspreise. Die Pferdekutscher monieren den Plan von Athing, künftig alle Waren vom Hafen aus mit Pferdefuhrwerken über die Insel zu transportieren. »Da kutschiere ich lieber die Touristen. Die klettern von alleine auf den Wagen. Die Kisten muß ich auf- und abladen.«

Und die betrunkenen Tagesausflügler, die die letzte Fähre verpaßt haben, freuen sich, daß sie mit dem Wassertaxi noch vor der Dunkelheit von der Insel herunterkommen.

Straßengeschichten

Die Neu-Ulmer im thüringischen Meiningen ist keine Straße zum Flanieren. Zwar wird sie von klassizistischen und neoromantischen Villen gesäumt, doch die sind längst von Karies zerfressen, und dazwischen erinnern ein Dutzend größerer und kleiner Lücken an die Extraktion vor fünfzig Jahren, als amerikanische Bomben in der Theaterstadt detonierten. Zum Schönheitsmakel kommen noch der Lärm und der Gestank von rund 30 000 Autos die sich seit der Wende über diesen Teil der B19 täglich in Richtung Westen durch die 25 000 Einwohner zählende ehemalige herzogliche Residenzstadt quälen.

Alte Meininger behaupten, daß die Neu-Ulmer zu Kriegszeiten »Adolf-Hitler-Straße« geheißen habe. Doch dafür war nur der Wunsch der Vater des Gedanken, denn offiziell ist sie niemals nach diesem Meininger Ehrenbürger benannt worden. Im Mittelalter Stadtmauer und Stadtgraben, danach »Halbe-Stadt-Straße« und zur Jahrhundertwende, dem deutschen Zeitgeist huldigend, »Bismarck-Straße«. Nach der ersten Wende »Ernst-Thälmann-Straße« und nach der zweiten Wende, die Einheit und die westdeutsche Partnerstadt preisend, »Neu-Ulmer Straße«. Und seitdem?...

Am Bahnhof erkundige ich mich nach dem Weg. »Die Neu-Ulmer? Sie laufen quer durch den Englischen Garten. Und am ehemaligen Wohnhaus von Max Reger beginnt sie, die... Thälmann-Straße.« Ein schwarzes Marmorschild auf grauem Putz. Hier wohnte der Komponist von 1911 bis 1915. Drinnen buntbesprühte Wände und Phantasieplastiken, eine Mischung zwischen Geisterbahn und Casino. Junge Leute hocken vor Videogeräten, Computern und Spielautomaten. Der Jugendtreff »Kaff«. Im Obergeschoß sitzen die zwei erwachsenen Verantwortlichen für das »Kaff«. Sie sind vom Landratsamt bestallt und mit ABM bezahlt. Aber meine Frage nach der Arbeit im »Kaff« beantworten sie nicht. »Wir dürfen mit Ihnen nur reden, wenn Sie zuvor beim Landratsamt eine Genehmigung eingeholt haben.« Das sei eine strenge Anweisung der neuen Obrigkeit. »Bei Nichtbefolgen erhalten wir eine Abmahnung.«

Sie meinen es ernst. Ich gehe. Die Briefträgerin klärt mich auf, daß Regers Wohnhaus zwar auf der Neu-Ulmer steht, aber postalisch nicht zu ihr gehört, und zeigt mir die früher wichtigsten Gebäude der Straße: linker Hand die Stasi-Zentrale, rechter Hand die SED-Kreisleitung.

Mir ist kalt. Ich habe weder Lust auf Stasi noch auf Partei, sondern auf eine warme Gaststätte. Die gibt es nicht in der Neu-Ulmer. Nur den »Getränkestützpunkt H. Helpert«. Dort sitzen alte und junge Männer schon um halb zehn Uhr vormittags bei Bier und Schnaps. Sie erzählen mir ohne Genehmigung über die Neu-Ulmer.

Also, das »Kaff« wäre früher das Pionierhaus gewesen. Tanzgruppen, Singebewegung und so. Nach der Wende hätte sich der Erbe eines Alteigentümers gemeldet, ein gewisser Laub, einer vom Meininger Theater, bißchen verquer, aber als das Landratsamt einen Treff für die Jugend brauchte, hätte der sein Regerhaus wieder verkauft. Wollte sich vom Erlös ein kleines Häuschen auf dem Land bauen lassen, aber dafür reichte das Geld nicht. »So blöd kann nur ein Ossi sein«, sagt der arbeitslose Gärtner Bernd Schirmer, der bei mir am Tisch sitzt und mit sechs anderen Kollegen entlassen wurde, derweil der Landschaftspflegebetrieb die billigen, vom Arbeitsamt geschickten und geförderten Arbeiter behielt. Danach minutenlanger Streit, ob Ossis naiv-blöd und Wessis gerissen-klug seien. Solange, bis der Helmut, der Wirt, nicht gerade ein Riese von Gestalt, seine Lederschürze fester bindet und erzählt, daß er zum Beispiel schon zur Wende begriffen habe, daß es von nun an abwärts gehen würde mit den Ostbetrieben. Und da hätte er als Schmied im Stahlgabelwerk gekündigt, hier den Keller ausgebaut, die Wirtsschürze umgebunden. Der halbe Liter koste noch 2,30 und dazu gratis die Gespräche untereinander, Tips, wie die Formulare für die Ämter ausgefüllt werden müßten. Die Kneipe ernähre ihn noch bis zur Rente. »Aber die Kollegen aus dem Stahlgabelwerk, die wie ich über fünfzig sind und inzwischen arbeitslos, die sind blöd dran. Es gibt hüben wie drüben solche und solche.«

»Außerdem«, schreit einer dazwischen, »außerdem reden uns die Politiker den Unterschied zwischen Ossis und Wessis immer wieder ein, damit wir den eigentlichen Unterschied in Deutschland vergessen, nämlich den zwischen verdammt reichen großen Leuten und ziemlich ärmlich lebenden kleinen Leuten. Da kam mal einer aus Bayern...«

Ich höre mir die Geschichte nicht bis zu Ende an, trinke aus, aber als ich zahlen will, legt einer von den Arbeitslosen fünf DM auf den Tisch. »Laß gut sein, Kumpel«, sagt er, »es war schön, mit dir zu reden.« Und zahlt für mich.

Weiter auf der linken Seite der Neu-Ulmer. Das frühere Haus des Handwerks. Heute vor allem ein Domizil für Rechtsanwälte. Und zu ebener Erde: »Immobilienverwaltungsgesellschaft«. Hinter einer Glastür wieseln junge Angestellte. Einen Lehrling mit kindlichem Gesicht frage ich nach dem Geschäftsführer. Muß mich entschuldigen, denn der vermutliche Lehrling ist kein Lehrling, sondern der Geschäftsführer. Thomas Gebhardt (28), aufgewachsen im fünf Kilometer entfernten Dörfchen Untermaßfeld.

In Dresden Elektrotechnik studiert, keinen Job in der Branche, deshalb Versicherungsagent und 1990 Firmengründer. »Ich habe damals soviel an den Versicherungsabschlüssen verdient – die Westfirmen wollten ja hier unbedingt auf den Markt –, daß ich diese Büroräume im Oktober '91 ohne Kredite und ohne Westpartner anmieten konnte.« Inzwischen, obwohl die Zeit des Blindkaufens von DDR-Immobilien vorbei sei, beschäftige er fünf Leute, werde demnächst ein Haus auf dem Marktplatz eröffnen...

Ich sage: »Mit achtundzwanzig schon ein echter Karrieretyp!«

Er widerspricht: »Unsere Kinder, meine Frau arbeitet auch, sind 1990 und 1993 geboren, das paßt doch nicht zur Karriereplanung!«

Ich frage den Immobilienhändler nach der Moral, denn als Häusleaufkäufer könne man ja keine Rücksicht auf Tränen nehmen.

»Aber wenigstens mitfühlen mit den Leuten.«

»Wie lange noch?«

»Kommen Sie in fünf Jahren wieder und fragen mich danach.«

Gegenüber von seinem Büro, in einem kleinen Park, spießen leere Fahnenstangen in den Himmel. Davor steht ein Steinobelisk des früheren Namenspatrons. »Ernst Thälmann. 1886-1944« Sein Kopf ist abmontiert. Aber er liegt noch im Meininger Museum.

Nun also doch zurück zur SED-Kreisleitung (Neu-Ulmer Nr. 6) und dem Stasigebäude (Nr. 5). Die ehemalige Parteizentrale, aus mächtigen Sandsteinblöcken gemauert und einer Trutzburg nicht unähnlich, war in den dreißiger Jahren das Logenhaus der Freimaurer. Als die während der Nazizeit verboten wurden, quartierte sich hier die NSDAP ein. Und als die NSDAP verboten wurde die SED: Heute beherbergt das Haus unter anderen die Grünen, die PDS (deren Fraktionsvorsitzender im Stadtparlament, der Theaterhistoriker Volker Kern, schlug bei den letzten Kommunalwahlen die Bürgermeisterkandidaten von CDU und SPD und verlor erst in der Stichwahl gegen den amtierenden Bürgermeister), Versicherungen, Krankenkassen, das »Meininger Tageblatt«.

Diese Meininger Traditionszeitung (1864 bis 1933) gab Siegfried Herzog, ehemaliger Redakteur der führenden SED-Parteizeitung »Freies Wort«, im Frühling 1990 als demokratisches Gegengewicht zur Parteizeitung neu heraus. Damals war es eine der vielen Aufbruchzeitungen. Inzwischen ist das »MT« die einzige Neugründung aus der Wendezeit, die in Meiningen überlebt hat. (In Südthüringen erschienen zu DDR-Zeiten mehr regionale Tageszeitungen als heute.) »Nun haben wir gegenüber dem übermächtigen ›Freien Wort‹ so etwas wie einen beschränkten Bestandsschutz, uns braucht man als Feigenblatt für die angebliche neue demokratische Presselandschaft hierzulande, ansonsten stände das alte und neue Monopolblatt allein und nackt da«, sagt Herzog und grient. Als sie die Zeitung 1990 in der BRD drucken ließen, benötigten sie für ihre Manuskripte rauswärts noch eine Ausfuhrgenehmigung (wegen nichtgenehmigter Ausfuhr von Manuskripten hatten DDR-Richter seinerzeit Heym und Havemann verurteilt) und reinwärts eine Einfuhrgenehmigung für das »westliche Druckerzeugnis«. Erinnerungen zum Aufschreiben.

In der Stasi-Zentrale erinnert sich niemand mehr an die Zeit vor fünf Jahren. Selbst die Reinemachefrauen und Pförtner wurden ausgewechselt. Herr im Hause ist inzwischen das Deutsche Rote Kreuz mit Bergwacht, Rettungsdienst, Kleiderkammer... Ich gehe in die Kleiderkammer. An der Tür versperrt ein Bohlenbrett den Zutritt. Neben dem Brett ein Pappkarton mit Namenskarteikarten. Eine ungeheuer dick, freundlich und mütterlich aussehende Frau mustert mich lange und will mir dann eine Eintritts-Karteikarte für Bedürftige ausfüllen. (Keine Peinlichkeit, wir lachen später beide darüber.) Von Pelzmänteln über Jeans und Schirme bis zu Nachttöpfen ist hier alles fein säuberlich in Regalen und auf Bügeln geordnet.

Ein hagerer, bleichgesichtiger Mann mit langen Haaren stapelt sich dicke Socken und lange Unterhosen. Gerd Holzhauer ist fünfundvierzig, hat fünfundzwanzig Jahre lang als einer der hundertzwanzig Gleisbauer bei der Reichsbahn in Meiningen gearbeitet. Seit fünf Jahre arbeitslos. Von hundertzwanzig blieben sieben. Ich frage nach seiner Familie. »Wäre ich für eine Familie verantwortlich, hätte ich mir schon den Strick genommen.« Und Alkohol? »Nicht einen Tropfen!«

Eine Mutter mit zwei Kindern kommt. Die Kinder probieren Winteranoraks. Sie bittet, daß ich ihren Namen nicht nenne. »In der Schulklasse darf niemand erfahren, woher unsere Mädchen die Anoraks kriegen.«

Christel Katzenberger, die Kammerleiterin, hat siebenundzwanzig Jahre als DRK-Unfallhelferin am Grenzübergang Henneberg gearbeitet. Erste Hilfe bei Kollaps. Auch Infarkte nach Grenzkontrollen. »Am 3. Oktober '90 habe ich gelacht und geheult. Gelacht, weil es nun keine Grenze mehr gab, und geheult, weil ich damit meine Arbeit los war.« Später erhielt sie die ABM-Stelle in der Kleiderkammer. Bevor ich gehe, erzählt sie, daß ihr seinerzeit an der Grenze BRD-Bürger manchmal Säcke mit getragenen Sachen in die Hand drücken wollten. »›Für ihre Kleiderkammer‹, sagten die damals. Ich habe die Säcke nicht angenommen, erstens weil wir ›vom Klassenfeind‹ nichts annehmen durften, und zweitens kannte ich keine Kleiderkammer, die gab es hier nicht.« Zweimal in der Woche öffnet sie nun ihre Kammer. Und hat immer fünf oder sechs Neuanmeldungen in dem Pappkarton-Karteikasten.

Im Hauptgebäude der Stasi sitzt jetzt auch der »Bund der Vertriebenen«. Andrang vor der Tür. Während wir warten, erzählt ein alter Mann aus dem Dorf Nordheim, daß er dort seit über vierzig Jahren ein kleines Häuschen besäße, den Garten und die Ställe gepflegt hätte. Vorgestern sei der Alteigentümer, ein Wessi, erschienen, habe alles inspiziert, Eigenbedarf für die Tochter angemeldet und ihm die Kündigung – er sagt nicht Kündigung, sondern Vertreibung – für den 1. Januar 1996 angedroht...

Der Bürochef vom BDV heißt Heinz Himmel, ist zweiundsechzig und war früher in einem Meininger Baubetrieb beschäftigt. »Damals war ich ein Bauarbeiter wie jeder andere auch, vom Vertrieben-Worden-Sein durfte man kein Wort sagen.« Heute sei er endlich auch ein anerkannter Vertriebener. 2 136 Mitglieder im Kreis. Die 4 000 DM Entschädigung wären ein Anfang. Nun müsse man um das Recht auf die Heimat, die Häuser, Felder und Wiesen im Osten kämpfen.

Eine alte Frau bringt eine Liste des Inventars ihres Hauses bei Königsberg, in dem jetzt die Russen wohnen. »Meine Kinder waren dort, haben sogar den alten Kachelofen fotografiert.« Herr Himmel macht ihr Mut.

»Die Vertreiberstaaten wollen in die EU, aber bevor das geschieht, müssen die uns endlich erst alles zurückgeben.« Später erläutert er mir, daß die Landsmannschaften für ihre Mitglieder den Kündigungsschutz in der BRD-Verfassung festschreiben lassen wollen. »Nur so sind wir davor geschützt, daß nach fünfzig Jahren westdeutsche Alteigentümer kommen und unsereinen aus dem mittlerweile eigenen Haus jagen.« Der ehemalige Meininger Bauarbeiter Kurt Himmel stammt aus Baltenburg bei Neu-Stettin. Den polnischen Ortsnamen kennt er nicht...

Die einzige glitzernde, neu aufgesetzte Krone im lückenhaft sanierten Gebiß der Neu-Ulmer ist die Hypobank. Dort treffe ich den für mich ungewöhnlichsten Banker, den einunddreißigjährigen, trotz Schlips wie ein großer Junge aussehenden Michael Kraus. Er wollte zu DDR-Zeiten Kinderzahnarzt werden. Doch während des Studiums vermasselte der angehende Doktor, wie er mir erzählt, die Prüfung im Fach »Politische Ökonomie des Kapitalismus«. Er schmiß das Studium, beschäftigte sich mit

Volkskunst und nach 1989 als Autodidakt mit dem kapitalistischen Bankwesen. Das tat er so gut, daß die Hypobank dem Seiteneinsteiger im vergangenen Jahr als einem der drei Leiter die Meininger Bank übergab, wo er sich mit den vierzehn Angestellten gegen die Konkurrenz der übrigen siebzehn(!) in Meiningen ansässigen Banken durchsetzen soll. »Wir müssen vor allem Vertrauen gewinnen und die Kunden nicht mit Schnäppchen, sondern durch Fairneß und ehrliche Angebote überzeugen.« Ich nenne ihn einen Idealisten Er lacht und sagt: »Natürlich ein Idealist, schließlich bin ich im Fach ›Politische Ökonomie des Kapitalismus‹ durchgefallen.»

Am späten Nachmittag sitze ich gegenüber der Hypo-Bank beim Fahrschullehrer Gumpert und warte mit ihm auf neue Schüler. Heute ist Anmeldetag. Wir haben viel Zeit zum Plaudern. Der kleine, oft still in sich hineinlächelnde Mann hat Lokschlosser gelernt. Später Arbeit in einer Kfz-Werkstatt. Studium an der Ingenieurschule für Verkehrswesen. Dann Kontrolleur bei der sogenannten Arbeiter- und Bauerninspektion in Suhl.

Bis 1989 kontrollierte er im Auftrag der SED auch Amtsmißbrauch, Schwarzbauten, Materialschieberei. Und 1990 kontrollierte er ein halbes Jahr lang seine früheren Auftraggeber, die leitenden Genossen der Partei, wegen – Amtsmißbrauch, Schwarzbauten, Materialschieberei. Allerdings nur bis zum Tag der Deutschen Einheit. »Im neuen Deutschland braucht niemand eine Arbeiter- und Bauerninspektion.« Und Gumpert, zu alt für einen neuen Job und zu jung für einen Rentner, beantragte eine Gewerbeerlaubnis für Fuhrunternehmen und Fahrschule. »Erst wollte ich ein Autohaus bauen, 5 000 Quadratmeter Fläche im Gewerbegebiet kaufen. Daraus wurde nichts. Später ließ ich mir Aktien für Schweinehäute und Kaffee aufschwatzen.« Die sind inzwischen wertlos. »Mittlerweile habe ich begriffen: In dieser Gesellschaft muß man entweder das ganz große Geld machen oder mit dem kleinen Geld, das man durch ehrliche Arbeit verdient, zufrieden sein. So ein bißchen ehrlich und ein bißchen bescheißen, bringt auf Dauer nichts.«

Nach neunzig Minuten kommt heute der erste und einzige neue Fahrschüler. »Das ist der Pillenknick« sagt der Fahrlehrer und lächelt. »Wenn erst der Einheitsknick kommt, stört mich nichts mehr.«

Die Neu-Ulmer weiter in Richtung Westen. Ich latsche mit einer Gruppe bayerischer Touristen. Vor einem abgesperrten Haus bleiben sie stehen. Gelber Rainfarn und kleine Lärchen umschließen es wie eine Dornenhecke. Gras wächst auf den Fensterbänken. Am Giebel steht in großen Lettern: Volkslichtspiele.

Fotoapparate klicken, Videokameras surren. Offene Entrüstung dann am letzten Haus der Straße, der Nr. 47. Zerschlagene Fenster, aufgefrorene Wasserleitungen, heruntergespülte Tapeten... Die Bayern sagen: »Dös is die Zone!« und fluchen auf die Altlasten des Sozialismus. Allerdings sind sowohl das ehemalige Stofflager in der Nr. 47 als auch das Kino in der Neu-Ulmer schon Neulasten der Marktwirtschaft. Denn vor fünf Jahren waren im Lager noch Fenster, und im Kino spielte man Softpornos und US-Thriller. Dann verkaufte die Treuhand, und die Käufer ließen Gras und Bäume wachsen und hofften, daß in Meiningen die Grundstückspreise weiter steigen...

Unverfälschte DDR-Wohnungsaltlasten hätten die Touristen im Haus dazwischen, in der 43, gefunden. Bröckelnder Putz, morsche Fenster, Gerümpel im Flur, an den Stromzählern noch die Aufschrift »Volkseigentum«. In einer Wohnung wird mir geöffnet. Eine junge, schwarzhaarige Frau. Kindergeplärr. Gebrochenes Deutsch. Olena stammt aus der Ukraine. Ihr Mann, ein fünfzig Jahre alter Meininger Müllfahrer, hat sie sich vor zwei Jahren, »durch eine Vermittlung Ostfrauen nach Deutschland« geholt und geheiratet und ihr gleich ein Baby gemacht. Aber all das zähle nicht. Um wenigstens eine Arbeitserlaubnis zu bekommen, muß sie fünf Jahre verheiratet sein. Aber sie wisse nicht, ob sie dann in Meiningen noch Arbeit annehmen dürfe. Auf dem Markt sei sie im Mai als »Zigeunerin, die den deutschen Frauen die Arbeit klaut«, beschimpft worden.

An der Tür von Superindentent Dr. Victor, Neu-Umer 25b, hängt der Spuch: »Menschen sind willkommen. Deutsche und Ausländer.« Im Herbst '89 hatte der Geistliche die Kirchentore für das Volk geöffnet und die Dienstagsdemos in Meiningen organisiert. Er sei damals schon für die Einheit gewesen, hätte sich allerdings keine Illusionen über das neue System gemacht. Trotzdem wäre er heute enttäuscht. Zum einen über die Politiker, die keine Perspektiven für die Zukunft erarbeiten oder wenigstens erahnen könnten. Und über die Bedeutungslosigkeit, in die seine Kirche nach der Euphorie von 1989 leider zurückgefallen sei. »Mit der D-Mark erfüllen sich die Leute heute täglich jene Wünsche die sie '89 nur unter dem Schutz des Kirchendaches einklagen konnten. Und mancher der vor fünf Jahren ›Hossiana‹ geschrien hätte, rufe heute ›Kreuziget ihn‹«. Er sei pessimistisch geworden.

Als es dunkel wird, gehe ich noch einmal zu Regers Wohnhaus. Disko im »Kaff«. Frage vor der Tür stehende junge Leute nach ihren Idealen. »Auf keinen Fall wie mein Alter, dieser Held der Arbeit, vierzig Jahre umsonst schuften müssen.« – »Per Anhalter um die Welt« – »Die Nazischweine verkloppen.« – »Ein Star bei Bayern München werden.« – »Endlich eine Lehrstelle finden.«

Aber diese Antworten muß ich schon nicht mehr aufschreiben. Denn das »Kaff« gehört ja postalisch nicht zur Neu-Ulmer. Das ist schon die Meininger Marienstraße 6...

Ria S. (43): »Ich sprang nicht… Ich heulte nur.«

Meine Begegnung mit Ria S. war zufällig. Ich hatte im Block Allendestraße des Salzunger Neubaugebiets gefragt, wie viele der Hausbewohner arbeitslos sind. »Etwa die Hälfte«, sagte der Hausmeister. Als ich wissen wollte, mit welchen Arbeitslosen ich reden könnte, nannte er keinen Namen. Er warnte mich lediglich davor, hinauf in den obersten Stock, zu Ria S., zu gehen. »Asozial!« knurrte er.

Ich ging hinauf. An ihrem Briefkasten hing ein Aufkleber, der das Einstecken von Reklame untersagte. Und mit Handschrift darunter: »Schmutz und Abfall einwerfen bei Strafe verboten.« An ihrer Wohnungstür ein Schild »Vertretern wird nicht geöffnet.«

Ria S. ist mager. Tiefliegende Augen. Dunkelblondes strähniges Haar zu einem Pferdeschwanz gebunden. Keine Kosmetik. Sie hat vier Kinder. Die älteste Tochter schon aus dem Haus, die andere, achtzehn, wohnt mit dem Freund bei ihr. Dazu der jüngste Sohn, zwei Jahre alt und der ältere, der am Tag zuvor, am Montag, den 20. September, seinen achten Geburtstag feierte.

»Kinder waren zur Feier keine eingeladen, von mir bekam er zwei Strumpfhosen und Schokolade, von seinem Vater, der gibt manchmal Pakete beim Jugendamt ab, Hemden und auch Schokolade. Im Januar '91 mußte der Vater auf Weisung des Jugendamtes hier ausziehen. Er hat nicht nur mich geschlagen. Er war und ist ein Säufer, deshalb hat man ihn auch bei der Eisenbahn entlassen. Hat gesoffen und immer nur gesoffen… Ich habe nie getrunken. Nie getrunken und nie geraucht. Aber ich hatte Pech mit meinen Männern. Der erste, ein Stahlarbeiter, fing nach einem Reservistenlehrgang in Leipzig, bei dem er miterlebte wie sein Freund beim Waffenreinigen durch einen Schuß umkam, zu saufen an. Ich habe mich scheiden lassen, lebte lange mit den zwei Töchtern allein. Wir waren nicht reich, aber wir konnten Urlaub machen, einmal sogar zu dritt in Ungarn. Zuerst arbeitete ich in der Bastfaserfabrik in Freiberg, dort beendete ich auch meine Lehre. Von klein auf war ich oft krank, eine Nierengeschichte, die immer schlimmer wurde. Ich schulte also um, ging zur Eisenbahn, dort war ich Zugabfertigerin. Habe Telegraphen bedient, konnte Schreibmaschine schreiben, stellte die Güterwagen zusammen und rief dann eben in Freital an, daß sie den Wagen Nummer soundso rausnehmen müssen, die anderen weiter nach Dresden. Und die machten das, was ich sagte. Es war eine schöne Zeit. Natürlich hatten wir keine Bananen, aber Arbeit, auch wenn man krank war. Ohne Angst lebte man, denn eine Arbeit fand sich immer.

Als meine Eltern hier zur Kur waren, lernten sie meinen späteren Mann kennen. Ich zog zu ihm und arbeitete in Salzungen auf dem Bahnhof. Aber dann hatte ich plötzlich Platzangst zwischen den Gleisen und Zügen. Schwindelanfälle. In Freiberg hatte ich miterlebt, wie ein Bekannter zwischen den Puffern... Die Bahnärztin sagte, daß ich nicht mehr als Zugabfertigerin arbeiten dürfe. Da machte ich Reinigungskraft, Bastfasern gab es ja hier keine. Das war 1986. Zuerst im Gesundheitswesen, dann bei einer Zeitung. Und nach der Wende wurde die Planstelle Reinigungskraft bei der Zeitung abgeschafft, die ließ die Arbeit von einer privaten Reinigungsfirma machen. Und dort ging es nicht mehr mit dem Jungen, der oft krank war. Sonntags habe ich dann die »Bild« ausgetragen. Als ich es im sechsten Monat mit dem treppauf und treppab nicht mehr schaffte, habe ich mich auf die Straße gesetzt, der Junge spielte im Dreck daneben, und ich habe die Zeitung verkauft. Deshalb kennen mich viele im Neubaugebiet. Manchmal habe ich fünf Katzen in der Wohnung, die bringen die Leute zur Aufbewahrung und geben mir paar Mark dafür... Bis zum 13. Juli diese Jahres bekam ich wöchentlich 138,80 DM Arbeitslosengeld. Danach war das Jahr vorbei, und ich beantragte Arbeitslosenhilfe, aber weil ich bis zum 15. Juli krankgeschrieben war, wurde der Antrag ungültig. Seitdem leben wir nur vom Kindergeld. Die Ärzte sagen, daß der Große körperlich völlig gesund ist, aber er hat oft miterlebt, wie der Vater mich schlug, er kann noch nicht richtig sprechen, seit zwei Jahren geht er in die Sonderschule nach Bad Liebenstein. Ich fahre ihn hin und hole ihn wieder, weil der

Busfahrer sich beschwert hat, daß der Junge zu laut im Bus herumtobe. Für 500 DM in Raten habe ich hier im Autohaus einen Trabi bekommen. Das war im vorigen Jahr. Aber niemand sagte mir, daß er so durchgerostet ist, daß er in diesem Jahr den TÜV nicht kriegt.

Den Kleinen nehme ich mit, wenn wir den Großen wegbringen, ich kann ihn nicht in den Kindergarten schaffen. Das Betreuungsgeld würde ich wiederbekommen, aber nicht das Essengeld. 127 Mark im Monat. Er braucht noch Windeln, die billigsten kosten 25 Mark für 68 Stück. Ich selbst brauche wenig zu essen, wiege nur noch fünfundvierzig Kilo, aber die Kinder. Vor kurzem hatte seine Klasse Wandertag, Fahrt in die Märchenhöhle nach Walldorf. Das kostete dreißig Mark. Ich hatte das Geld nicht, und weil ich mich schämte, ging ich an diesem Tag mit ihm zum Arzt, damit ich eine Ausrede hatte, weil ich mich eben schämte. Ich schäme mich oft, auch dafür, wie liederlich es hier in der Wohnung aussieht. Ich hätte ja viel Zeit zum saubermachen. Aber ich will nicht, weshalb denn saubermachen? Ich sitze da und grüble, und abends nehme ich Tabletten, damit ich schlafe. Es ist alles ohne Sinn, weshalb soll ich da die Fenster blankputzen? Manchmal gehe ich vormittags für die alten Leute einkaufen. Nein, für die in unserem Eingang nicht, manche von denen drehen sich weg, wenn sie mich sehen. Zu DDR-Zeiten haben wir freundlich zusammengesessen, gefeiert. Jetzt treffen sich auch die anderen nicht mehr. Gleichgültigkeit und Haß aufeinander sind entstanden.

Abfälle und Dreck haben sie mir in den Briefkasten geschmissen. Hundekot und sogar gebrauchte Gummifuffziger. Schließlich kamen die vom Jugendamt, weil sie anonyme Briefe erhielten, daß ich meine Kinder mißhandele. Ich mußte sie ausziehen, und der Arzt bescheinigte, daß keine blauen Flecke oder so was zu sehen waren. Ein Polizist riet mir, wegen der anonymen Briefe einen Privatdetektiv, den er gut kennen würde, zu beauftragen. Dieser Privatdetektiv, der Herr K., war früher Mitarbeiter in der SED-Kreisleitung Suhl, und der hat herausgefunden, daß die... naja, daß jemand aus der Verwandtschaft die Briefe geschrieben hat. Danach schickte dieser neue Privatdetektiv eine Rechnung über

2 500 DM. Ich könne es in Raten bezahlen... In unserem Haus gibt es viele Arbeitslose, aber man redet nicht miteinander. Unten wohnt eine alleinstehende Frau mit Kind, die hat es auch schwer, aber die ist eben eine arbeitslose medizinisch-technische Assistentin, und ich bin nur eine arbeitslose Reinemachefrau. Der Gerichtsvollzieher war schon hier.

Mein Mann bezahlt die Miete nicht, unten in der Stadt, in seiner Bude. Außerdem hat er genau wie die Tochter – die lernte im Salzunger Olympiaeinkaufszentrum Verkäuferin, aber das machte pleite, und sie wurde gekündigt – also, die haben aus den Katalogen bestellt und bestellt. Der Mann ist nicht nur ein Trinker, er ist auch ein Sammler, Waffen und Briefmarken, teures Zeug. Alles nicht bezahlt, und bei ihm ist nichts zu pfänden. Dem Gastwirt aus dem »Rhönblick« habe ich das letzte Kleingeld gegeben und gefragt, ob er auch Briefmarken nimmt. Er nahm Briefmarken und versprach, dem Mann nichts mehr auf Pump zu geben. Rund 20 000 DM Schulden insgesamt. Und alle wollen es von mir. Aber ich habe nichts bestellt. Wenn ich wenigstens ein Angebot auf meine Bewerbungen erhalten hätte. Ich würde alles machen. Außer dem einen, das nicht! Aber als Hilfsarbeiterin in einem Laden oder einem Lager, oder Reinemachefrau. Nur wieder arbeiten, wenigstens eine Hoffnung haben. Im Arbeitsamt sind sie freundlich. Doch sie sagen, daß ich schwer oder überhaupt nicht zu vermitteln sei. Auch wegen der Kinder...

Ich habe mit dem Kleinen auf dem Arm schon auf dem Balkon gestanden, außen auf dem schmalen Sims. Aber dann bin ich doch nicht gesprungen, lag bloß halb ohnmächtig auf dem Fußboden und heulte.

In der Schuldnerberatung haben sie mir jetzt gesagt, daß es noch eine Chance für mich gäbe. Zusammen mit meiner Schwester hatte ich nämlich als Fünfzehnjährige versucht, bei Hof über die Grenze in den Westen abzuhauen. Wir wurden damals beide zu je vier Jahren Jugendhaft verurteilt. Fast zwei Jahre haben wir davon abgesessen. Und wenn ich jetzt eine Entschädigung beantragen würde – ich habe das Urteil aufgehoben –, könnte ich davon vielleicht die Schulden bezahlen. Das haben sie mir dort gesagt, auf dem Amt.«

Als ich beim Arbeitsamt anrufe, um zu erfragen, ob die Fakten stimmen, bestätigt man mir, daß Ria S. wegen ihrer Ausbildung und der Kinder sehr schwer zu vermitteln wäre. Aber die beantragte Arbeitslosenhilfe sei inzwischen genehmigt.

Ich will Frau Ria S. anrufen, ihr die Neuigkeit sagen, doch ihr Telefonanschluß ist abgeklemmt.

Urlaub für rote Engel

Die Leute, mit denen ich sprach, stöhnten fast alle wegen der Hitze in den vieläugigen Betonbauten älterer und neuerer Art an der Peripherie von Suhl. Über dreißig Grad Außentemperaturen. Und Beton heizt sich auf...

In diesen Neubaugebieten erhielt die PDS bei den letzten Kommunalwahlen die meisten Stimmen, auf dem Friedberg über fünfzig Prozent. Insgesamt machten 29,6 Prozent der Suhler die PDS zur stärksten der Parteien. Durch Volkes Wille erhielt sie vierzehn Stadträte im Parlament, die CDU dreizehn, die SPD zehn, das Neue Forum drei und die Freie Wählergemeinschaft zwei. Doch die war so frei, sich sofort der CDU-Fraktion anzuschließen und deren »führende Rolle« wieder herzustellen.

Nach der konstituierenden Sitzung erschien in den hiesigen Zeitungen das Foto von der Vereidigung des alten und neuen CDU-OB Martin Kummer. Eine füllige Frau mit kurzen Haaren, Brille und in einem dunklen, weißgeblümten Kleid läßt den OB die Eidesformel sprechen: die sechsundsechzigjährige Rentnerin Barbara Brenner (PDS).

Ich kenne sie als Mitarbeiterin vom Rat des Bezirkes. Sie war unter anderem für die Schriftsteller verantwortlich. Sie nahm regelmäßig an den Sitzungen unseres Verbandes teil, und ich erinnere mich, daß sie mütterlich war. Und Staatsmacht.

Am Telefon sagt sie mir, daß sie morgen in den Urlaub fahre. Parlaments- und Schulferien in Thüringen. Nachmittags müsse sie zur Stadtratssitzung, also wenn, dann solle ich sofort kommen.

Leonhard-Frank-Straße 106. Eines der ersten Hochhäuser, das vor knapp dreißig Jahren in Suhl gebaut wurde. Sechzig Fensteraugen. Zehn Stockwerke. Sie wohnt im dritten. Führt mich durch ihre Wohnung direkt auf den Balkon, einen vielleicht 2 mal 1,20 Meter großen Botanischen Garten. Heckenrosen, Studentenblumen, Efeu, Asparagus, Begonien, Wilder Wein, Nelken, Je-Länger-Je-Lieber, Astern... Ich stehe und staune. Sie genießt mein Staunen.

Das sei ihr Traum gewesen, seit sie vor vielen Jahren in Kiew einen lebenden Balkon gesehen habe. Aber zu DDR-Zeiten hätte sie niemals wilden Wein bekommen, erst nach der Wende. Wilder Wein sei das wichtigste.

Ich frage sie, weshalb jeder dritte in Suhl die PDS und solche »Altlasten« wie Barbara Brenner gewählt habe.

»Vielleicht weil die Altlasten nicht agitieren, sondern Wanderungen und Kaffee-und-Kuchen-Nachmittage für die Alten und Dichterlesungen für die Intellektuellen organisieren, vielleicht weil sie für die Hungernden in der Dritten Welt sammeln und mit den Arbeitslosen sprechen.«

Ihre »Je-Länger-Je-Lieber«-Kletterpflanze wäre in diesem Jahr schnell verblüht, sagt die Stadträtin, doch die kleinen Nelken... Ich muß die Nase sehr dicht an die rosafarbenen Blüten halten, denn unten verpestet ein Motorkompressor die Luft mit seinen Abgasen. Das Haus wird saniert.

Sie trennt sich vom Balkon und zeigt mir ihren neuen Computer. Mit sechsundsechzig wäre ihr das schwergefallen, aber nun kenne sie sich aus, würde für die alten Leute im Haus die Behördenbriefe schreiben. »Wir waren doch daran gewöhnt, bis sechzig oder fünfundsechzig zu arbeiten, und dann bekam man automatisch seine Rente. Jetzt aber, dieser Bürokraten-Überlebens-Schreibkram, der ängstigt viele.« Dann würde sie noch einige sehr alte Frauen im Haus betreuen. Beispielsweise die Elisabeth Keyser, schon über achtzig... »Ich schaue jeden Abend nach ihr, das ist sozusagen mein Nachtgebet.«

Aber wenn ich wirklich über das soziale Engagement der PDS schreiben wolle, sei ich bei ihr falsch. Da müßte ich mit der Heide Schwalbe sprechen. Die habe als Vorsitzende des Jugendhilfe-Ausschusses in der Stadt ein Kinderparlament gegründet, oder mit der ehemaligen Pastorin Renate Müller, die 1990 in die PDS eingetreten sei, oder mit der Designerin Hayde-Nina Klonz, die sich nun um Häftlinge kümmere und mit ihnen im Knast Bilder male, oder mit der Else Duske, die mit anderen Genossen jeden Dienstag im Suhler Büro der Thüringer PDS-Vorsitzenden Gabi Zimmer sitze und dort Rentenantragsstellern Hilfe zur Selbsthilfe gebe. Über fünftausend wären schon dort gewesen.

Sie erklärt mir noch, wie man Stecklinge vermehrt, dann muß sie ins Parlament. Zum Abschied der Rat: »Wenn du oben Schwierigkeiten hast mit Informationen, rede mit den kleinen Leuten. Die reichen dich dann weiter, von einem zum anderen. Das funktioniert noch.«

Am nächsten Tag fange ich ganz unten an, fahre noch einmal zum Hochhaus Nummer 106. Warte vor der verschlossenen Haustür, weiß nicht, wo klingeln. Drücke dann den Knopf unten links bei Koch. Unten links wohnten zu DDR-Zeiten immer die Hausmeister. Eine alte, etwas ängstlich schauende Frau öffnet. Ich hasple herunter, daß ich weder Vertreter noch Zeitungswerber oder Glücksspielverkäufer bin, erfahre, daß Frau Koch wirklich Hausmeisterin war. Von 1972 an. Natürlich kenne sie die Frau Brenner. Die hätte allen vom Kaffeekränzchen bei den Rentenbescheiden geholfen. »Unser Kaffeekränzchen, drei sind wir, alle um die achtzig, die Lilli Lindemann, die Hildegard Prenzel und ich. Wegen mir mußte die Frau Brenner bis Worbis schreiben, im Januar kam keine Rente und im Juli nicht.« Frau Koch weiß über alles im Haus Bescheid, heute hätte die Frau Künzel im vierten Stock Geburtstag. Ich gehe hoch und gratuliere. Ja, die PDS, die denke an die kleinen Leute. Obwohl sie weggefahren wäre, hätte die Frau Brenner ihr noch Blumen, eine Karte und einen Pralinenkasten vor die Tür gelegt. »In welcher Partei sie ist, interessiert mich nicht, Hauptsache ein Mensch.« Und der Mann ergänzt: »Und setzt sich für das Wohl des Volkes ein, jawoll.« Sie wären in keiner Partei.

Auf der Treppe eine Frau mit Wischtuch und Wasser. Irgend jemand hat Ketchup verkleckert. Sie schimpft auf die Dreckschweine. Ich schimpfe mit. »Wir sind ansonsten ein gutes Kollektiv im Haus. Fast alle vor fünfundzwanzig Jahren eingezogen. Zusammen alt geworden. Über uns, die Frau ... ist jetzt mit fünfundfünfzig arbeitslos geworden, heult manchmal. Und der Mann von der Frau ... säuft, hat auch keine Arbeit. Jeder weiß was vom anderen. Wir reden noch zusammen.«

Ich frage nach dem Kaffeekränzchen. Nein, sie gehöre nicht dazu, aber da hätte es neulich einen kleinen Krach gegeben. »Hat die Frau Brenner für die drei und andere im Haus, die nicht gut zu

Fuß sind, die Unterlagen für die Briefwahl geholt, die komplizierten langen Listen geduldig erklärt. Und später erzählt eine von den dreien, daß sie die CDU und nicht die Frau Brenner gewählt habe. Und da haben die zwei anderen bitterböse gesagt: ›Schäm dich!‹ Aber weshalb sollte man die roten Socken von der PDS wählen? Nur weil die Frau Brenner so ein guter roter Engel ist, muß doch nicht auch noch die Partei gut sein.«

Ein Mann im verschwitzten weißen Turnhemd über dem Bierbauch hat das Gespräch gehört, und vor dem Haus sagt er mir: »Wissen Sie, die PDS ist die einzige Partei, die sich hier um unsereinen, um die kleinen Leute und ihre Sorgen kümmert.«

Ich frage ihn nach seinem Namen. Den will er nicht sagen. »Ich bin gläubig und früher, als die Kommunisten an der Macht waren, hatte ich Angst, daß ich deswegen Schwierigkeiten kriege. Und heute, wo die Christdemokraten die Macht haben, fürchte ich, daß man Schwierigkeiten bekommt, wenn man wie ich bei den Roten, bei der Volkssolidarität im Wohngebiet mitmacht. Dort ist ja der Helmut Knoth der Chef, früher bei der Bezirksdirektion der Volkspolizei und SED und heute PDS...« Im Haus gäbe es übrigens eine, die die Roten richtig hasse, oben die Elfriede Keyser. »Als die erfuhr, daß dreißig Prozent PDS gewählt haben, schrie sie im Hausflur um Hilfe, denn die Kommunisten und ihre Diktatur werde wieder alle ins Unglück stürzen. Sie hat geschrien und geschrien.«

Ich frage, ob er die Keyser meint, zu der jeden Abend die Brenner hochgeht.

»Ja, genau die.«

Die Vorsitzende vom Jugendhilfeausschuß, Heide Schwalbe, wohnt in der ehemaligen Straße der DSF, heute Würzburger Straße 26. In jedem der elf Stockwerke des Betonklotzes achtundzwanzig Fensteraugen. Weit geöffnet oder mit heruntergelassenen Jalousien. Als ich schwitzend im sechsten Stock bin, den Namen Schwalbe noch nicht gefunden habe, ruft eine Frau im Erdgeschoß. Sie ist mit dem Fahrstuhl runtergekommen, um mich durch das mit Streublumenmuster tapezierte Treppenhaus zu lotsen. Rennt die Treppen hoch, hat eine enge graue, nicht glänzende Radlerhose an, dazu ein sehr weit ausgeschnittenes weißes T-Shirt.

Ist schlank, hat lustige Augen unter einer Goldrandbrille. Schwarze Haare. Schnauft nicht. Naja, als Lehrerin für Sport und Geschichte am Gymnasium. Außerdem gerade fünfunddreißig... In ihrer Wohnung liegt der vielleicht zehnjährige Sohn mit übergestülpten Kopfhörern vor dem Fernseher. Ein Actionfilm von RTL. Heute dürfe er noch, morgen würden sie in Urlaub fahren... Also, der Jugendhilfeausschuß. Vor vier Jahren hätten sich alle CDU-Abgeordneten geweigert, dort mitzumachen. Einer von der SPD sei zur Gründung dagewesen, danach nie wieder. »Es blieb an der PDS hängen, und die Brigitta Wurschi vom Neuen Forum war noch dabei. Den Ausschuß wollte keiner, da mußte man sich mit Alternativen beschäftigen, die für die Freigabe weicher Drogen demonstrierten, mit der Neonaziszene auf dem Lautenberg. Die bekamen Expertenhilfe von der rechten Szene aus Schweinfurt, aber in der Stadt gab es nur einen Sozialpädagogen. Also haben wir gemeinsam mit der Wurschi den Antrag formuliert, Streetworker einzustellen. Die SPD wagte nicht zu widersprechen, und seitdem haben wir drei Streetworker, die sich mit den jungen Leuten beschäftigen.«

Das Juniorenparlament hätten sie zusammen mit Simone Maaß von den Grünen ins Leben gerufen. Von Schule zu Schule gerannt. Dreißig Kinder und junge Leute wären nun in diesem Parlament. »Ohne Parteien, ohne OB, mehr so eine Art Runder Tisch, der zu allen Problemen der Kids gehört werden will. Als erstes verlangten die jungen Parlamentarier übrigens die Abschaffung von Zigarettenautomaten. Und als wir ihnen sagten, das wäre in einer Demokratie nicht möglich, schlugen sie vor, die Automaten höher zu hängen...« Aber zurück zum Ausschuß. Der würde natürlich auch über die Schließung von Kindertagesstätten befinden. »Und es sieht verdammt schlecht aus, wenn unter solch einem Schließungsschrieb steht: ›Schwalbe(PDS)‹. Ich könnte, um das soziale Gesicht zu wahren, dagegen stimmen. Aber solch Populismus macht eben nicht mehr Kinder.«

Von der neugewählten PDS-Fraktion ist die Fünfunddreißigjährige nicht begeistert. Persönlich hätte sie nichts gegen die alten Funktionäre, aber... »Die Parteibasis hat die alten bewährten Genossen weit vorn auf die Liste gesetzt und die jungen oder

Parteilosen nach hinten gerückt... Ich habe meine Probleme mit dieser Basis. In den Versammlungen klatschen die meisten alten Genossen erst einmal bei jedem Redebeitrag. Sie klatschen, wenn einer für die Autobahn spricht, und sie klatschen auch, wenn einer gegen die Autobahn spricht. Gemeinsames Applaudieren macht stark, denken die immer noch. Ich habe bei der OB-Wahl zuerst nicht für unseren Klaus Lamprecht von der PDS gestimmt, sondern für die Simone Maaß von den Grünen. Ja, das kannst du schreiben, man muß zu seiner Meinung stehen, zu seiner ganz persönlichen...«

Als ich gehe, umarmen wir uns wie gute Bekannte.

Am Fuß des größten Suhler Neubaugebietes, am Ziegenbergweg 13, wohnt die ehemalige Pastorin Renate Schmidt in einem der sechs sogenannten Würfelhäuser. Jedes nur zweiundzwanzigäugig, Grün drumherum. Sie sind erst sechs Jahre alt. Als mir die pensionierte Pastorin die Tür öffnet – rötlich schimmernde, in der Mitte streng gescheitelte Haare, grün-graue freundliche Augen – weiß ich, daß wir uns kennen. Vor acht Jahren hatten wir gemeinsam die Ho-Chi-Minh-Medaille erhalten. Sie für ihr Engagement in der Kirche und ich für das meine in der UNICEF. Nach dem Erkennen wendet sich das Gespräch den schönen Würfelhäusern zu. Sie winkt ab. »Hier wird demnächst alles rausgerissen, sogar der Fußbodenbelag. Die GEWO muß fünfzehn Prozent ihrer Häuser verkaufen, und da verscherbelt sie zuerst die in der besten Lage. Für 80 000 DM kann ich die Ein-Raumwohnung kaufen.«

»Und wenn Sie nicht kaufen?«

»Dann kann sie ein anderer erwerben, und ich habe noch drei Jahre Gnadenfrist.«

Inzwischen hat sie alle Mieter eingeladen. »Ich habe Mut zugesprochen, obwohl er mir in diesem Fall selber fehlt. Denn in diesem Wirtschaftssystem kümmert kein Menschenleid, wenn es ums Geld geht. Eine Vierzigjährige klagte mir ihr Leid, daß sie hier alt werden wollte, aber die 800 für die erneuerte Wohnung nicht bezahlen kann, also raus muß. Das Geld hat kein Mitgefühl für die Menschen.« Also müßten die Menschen was tun, zum Beispiel in der Gesellschaft zum Schutz von Bürgerrechten und Menschenwürde, in der sie mitarbeite. Oder indem sie Spenden sammele für

Kuba. »Egal wie – mit Solidarität versuche ich neues in einer alten Welt zu bauen. Ich war schon als Pastorin links, hatte beispielsweise die Vision, daß sich die Kirche die revolutionären sozialen Ideen von Müntzer zu eigen machen sollte. Geprägt worden bin ich als Jugendpfarrer in Halle.« Damals hätten sie sich in ihren Gruppen mit dem Hunger in der Dritten Welt beschäftigt. »Nein, nicht beschäftigt, wir haben gelitten, geforscht, gebetet. Mit ausländischen Repräsentanten gesprochen. Damals wurde mir klar, daß das gierige Wirtschaftssystem des Kapitalismus für die Armut, für das Sterben in der Dritten Welt verantwortlich ist. Reichtum ohne Rücksicht auf Tote.« Am 4. April 1990, am Jahrestag der Ermordung von Martin Luther King, ist sie Mitglied der PDS geworden. »Es war nur an diesem symbolischen Tag möglich. Und nachdem die PDS bei den Volkskammerwahlen verloren hatte. Bei einem Sieg wäre ich nicht beigetreten.« Bis zur Pensionierung stand sie noch ein Jahr als PDS-Pastorin auf der Kanzel. Ihre Schlußpredigt am Gründonnerstag: Jesus wäscht den Jüngern die Füße. »Ein Beispiel habe ich euch gegeben, daß ihr tut, wie ich getan habe.« Ja, das sei auch ihres: Solidarität untereinander. »Andere Parteien haben hinter sich den Mammon, wir Nichtprivilegierten besitzen nur unsere Solidarität. In der Suhler Bürgerrechtsgesellschaft versuchen wir jetzt den Arbeitslosen zu helfen.« Noch würden viele nicht ahnen, was in zwei, drei Jahren passiere, wenn Arbeitslosengeld und Arbeitslosenhilfe auslaufe und sie Sozialhilfe beantragen müßten. Dann müßten sie erst mal alles Ersparte rausrücken. »Eine neue große Enteignung im Osten. Von der noch keiner spricht. Und die es wissen, sollen den noch Ahnungslosen helfen. Das tue ich.«

An ihrer Wohnungstür hängt ein Spruch von Elie Wiesel. »Der Gegensatz von Liebe ist nicht Haß, der Gegensatz von Hoffnung ist nicht Verzweiflung, der Gegensatz von Erinnerung heißt nicht Vergessen, sondern es ist nichts anderes als jedesmal die Gleichgültigkeit.«

Ich sage: Vielleicht hätte ich nur das über unser Gespräch aufzuschreiben brauchen. Sie nickt.

Hayde-Nina Klonz (39), früher Modedesignerin, heute Sozialarbeiterin, parteilos und erste Nachrückerin für die PDS im

Stadtparlament, wohnt zur Zeit mit Mann und Kind in einem kleinen Dietzhäuser Hotel. Ihr Mann, früher Forschungsingenieur, heute Bauunternehmer mit rund fünfzig Beschäftigten, baut das Familienhaus in Suhl um. Die Hayde-Kleider waren vor der Wende begehrt, hingen in Galerien und Modehäusern. »Danach kam die Zeit, in der die Frauen, für die ich meine Kleider immer gemacht hatte, die Unikate nicht mehr kaufen konnten. Otto-Versand war nun ihre Preisklasse. Doch im Westen verkaufte ich gut. Zum Beispiel an die Freifrau von Greilsheim. Aber die Kunden drüben wollten nicht nur die Kleider, die saugten einen aus, man kam völlig leer zurück. Als Designer aus dem Osten war man eine Seltenheit, so was konnte nicht jeder vorweisen... Damals habe ich mir gesagt: Das kann es doch wohl nicht sein, müßtest hier den Leuten helfen, statt dessen spielst du drüben den bunten Vogel. Also habe ich aufgehört mit der Mode und hier die ersten Selbsthilfegruppen gegründet. Ich habe mit Versehrten, mit Kindern, mit Arbeitslosen, mit Frauen und auch mit Häftlingen gemalt.«

Jeden Dienstag geht sie durch das Tor der Haftanstalt in Suhl-Goldlauter. Und regelmäßig malte und modellierte sie auch mit Versehrten im Reha-Zentrum. »Das ist allerdings vorbei, denn die neue Leitung war der Meinung, Malen sei verplemperte Zeit. Die Behinderten sollten nur noch effektive, wirtschaftlich verkaufbare Arbeiten erledigen.«

Ich will wissen, weshalb sie für die PDS kandidierte. »Weil diese Gesellschaft nicht durch malende Selbsthilfegruppen sozial gerechter wird. Diese Gerechtigkeit kann man nur durch neue Verordnungen im Parlament schaffen, also wollte ich da rein.«

Hayde, die kurzhaarige blonde Schöne – »von Natur aus bin ich schwarz, aber ich hatte sie auch schon rot und grün gefärbt« – trägt ein derbes Leinenjäckchen. Selber entworfen und genäht? Nein, sie hätte es billig erstanden, für siebzehn Mark. »Ich muß das Geld jetzt zusammenhalten. Schließlich hat mein Mann die Verantwortung für Brot und Lohn von fünfzig Leuten.«

Ich suche die Leonhard-Frank-Straße 122, in der Helmut Knoth, der Chef der Volkssolidarität, wohnen soll. Frage zwei alte Leutchen, die vor ihrem kleinen, mit Asbestschindeln verkleideten

Haus am Haselfluß sitzen. Gleich um die Ecke, sagen sie und schwärmen von ihrem Helmut. Sie wären schon mit ihm in Italien gewesen und in Holland. »Neulich hat er sogar eine Busfahrt auf die Lange Bahn organisiert, eine Ausflugsgaststätte hier ganz in der Nähe.« Das sei schwierig gewesen, man brauchte eine Busfahr-Erlaubnis für die Forstwege. Früher wären sie beide fast jeden Sonntag rauf zur Langen Bahn, aber nun, die Beine, sie wären schon über achtzig. »Fritz Hoffmann, Klempner bei Simson gewesen, meine Frau im Materiallager.« Und vor über zwanzig Jahren, zur Grundsteinlegung der Langen Bahn, hätte er die Kupferschatulle gefertigt. »Vielleicht war's nun das letzte Mal, daß wir rauf sind. Achtzig Leute waren wir.«

Nein, sagen sie auf meine Frage, es störe sie überhaupt nicht, daß der Knoth früher ein hohes Tier bei der Polizei und in der SED gewesen sei und heute PDS. »Er ist doch einer von uns, obwohl meine Frau und ich nur in der Gewerkschaft waren. Der organisiert für uns einmal im Monat die Rentner-Geburtstagsfeiern, spielt manchmal selbst auf seinem Zerrwanst. Das ist noch wie früher, da weiß unsereiner Bescheid... Naja, und manchmal verteilt er im Bus auch seine PDS-Wahlschriften. Da klatschen manche wie verrückt. Andere nehmen das Zeug nicht. Wir nehmen's und lesen's nicht.«

Helmut Knoth erzählt mir, daß er 1988 bei der Polizei raus sei. Und da hätte er ehrenamtlich die Volkssolidarität übernommen. Nie hätte er die Stunden, die Mühen gezählt... Aber von den tausend Leuten im Wohngebiet wären nun immer noch zweihundertfünfzig in der Volkssolidarität, zwanzig Helferinnen würden sich täglich um die Kranken und Alten kümmern. »Sozusagen ein Stück von der DDR in die neue Zeit hinübergerettet.« Natürlich sei er staatsnah gewesen. »Aber es waren schon damals die Staatsnahen, die nach Feierabend, unentgeltlich Schulzimmer malerten, Kuchen für Wohngebietsfeste gebacken haben und die Lampions für den Kindertag besorgten. Und wenn man diese ›Staatstragenden‹ heute nicht ausgrenzen würde, könnte man ihre Erfahrungen und ihren Idealismus wieder nutzen. Viele von denen, die nach der Wende was zu sagen haben, machten früher für die Gemeinschaft keinen Finger krumm und tun es heute wieder nicht. Haben keinen Sinn dafür, tragen den Staat nicht, sondern nutzen ihn nur für sich aus. Wenn ich für achtzig alte Leute einen Ausflug zur Langen Bahn organisiere, will ich doch nichts gegen die Gesellschaft tun, im Gegenteil, ich helfe, daß die Menschen zufriedener sind, daß ihr Leben in der neuen Gesellschaft angenehmer wird. Bin sozusagen staatstragend und werde wie andere, früher Staatsnahe, die jetzt meinetwegen Arbeitslosen oder Rentenantragsstellern helfen, ausgegrenzt. Das ist doch eine große Dummheit.« Helmut Knoth ist jetzt bald fünfundsechzig und seit er nicht mehr bei der Polizei arbeitet Invalidenrentner.

Else Duske, eine von der PDS, die jeden Dienstag Rentnern beim Ausfüllen der Anträge berät, besuche ich nicht. Rufe an. Sie weigert sich, mir darüber auch nur ein Wort zu sagen. Es gäbe einen bösen Brief von der Bundesversicherungsanstalt, die mit Strafe, Verbot und Gericht drohe, falls man nicht sofort aufhöre, das zu tun, was allein Sache der BVA wäre. Nein, kein Wort. Ich müßte schon die Thüringer Parteivorsitzende anrufen oder wenigstens den Stadtvorsitzenden. Nun geht's also doch nicht, wie Barbara Brenner riet, unten weiter. Nur noch oben. Doch von denen erreiche ich niemanden. Urlaubszeit.

Ein letztes Mal Besuch im sechzigäugigen Hochhaus Nr. 106. Ich klingele bei Elfriede Keyser. Eine sorgfältig gekleidete, noch rüstige Frau. Sie kennt mich aus der Zeitung. Sagt: »Sie sind doch auch ein Linker.« Sie dagegen wäre schon immer rechts gewesen, wegen ihres christlichen Glaubens. Aufgewachsen in Weimar. Der Vater Besitzer einer Buchbinderfirma. Die sei von den Kommunisten beschlagnahmt worden. »So was vergißt man nicht.« Ich frage sie, ob es stimmt, daß Barbara Brenner jeden Abend nach ihr schaut, sich um sie sorgt. »Ja, Frau Barbara, ich nenne sie Frau Barbara, ist ein Teil meines Lebens geworden. Seit dem Tod meines Mannes lag immer zu Ostern und Weihnachten ein selbstgemachtes Geschenk von Frau Barbara vor meiner Tür. Später hat sie alle meine Vollmachten bekommen, für die Rente und für das Konto. Die Verwandten kümmern sich nicht mehr um mich, nur Frau Barbara.

Ich frage vorsichtig nach der neuen PDS-Stadträtin Barbara Brenner. Fast emotionslos sagt sie, daß sie es nicht verstehen könne, schließlich sei Frau Barbara katholisch und stamme aus einer Arztfamilie. »Und trotzdem eine Rote. Wissen Sie, ich brauche Frau Barbara, ich kann es mir nicht vorstellen, daß sie eines Abends nicht mehr kommt und fragt, wie es mir geht. Früher haben wir uns immer umarmt. Jeden Abend. Aber seit der Sache mit der PDS kann ich sie nicht mehr umarmen. Ich warte auf sie, aber ich kann sie nicht mehr umarmen. Es ist ein Berg zwischen uns. Seitdem. Aber immer warte ich auf sie. Und immer kommt sie.«

Anschaffen im Osten

An der Rückscheibe des weißen Cabriolets von Heidi F. steht: »Ich gehe nicht fremd. Alle kommen zu mir.« Ihr gepachtetes großes Haus – vorn weiße Villa mit Garten und bunten Zwergen, hinten fränkischer Bauernhof mit Stall und Scheune – steht außerhalb des thüringischen Dorfes S. zwischen den Glücksbrunner Spatgruben, die nach der Vereinigung stillgelegt wurden. Die stabilen hölzernen Fensterläden zur Straßenseite sind Tag und Nacht verschlossen.

Ich habe für meinen Besuch Kuchen gekauft. Kaffeetrinken ist unverfänglich, denke ich. Im sonnigen Hof räkelt sich eine junge, nur mit BH und Stringtanga bekleidete Frau auf einer Liege. Colabüchse und Handy neben sich. Heidi, die Chefin, käme in wenigen Minuten zurück, sagt sie. Aber wenn ich mit ihr... Sie bringt den Kuchen ins Haus. Zieht Netzstrümpfe über den Slip. Später, als wir erstaunt feststellen, daß wir in nur fünf Kilometer voneinander entfernten Dörfern wohnen, erzählt mir Ramona von ihrem Job, ohne daß ich sie fragen muß. Sie ist neunzehn Jahre alt. Ein Kind. Unverheiratet. Ausgelernte Bankkauffrau. Zur Zeit Erziehungsurlaub. Den zweijährigen Marco betreut die Oma. »Wenn er im Kindergartenalter ist, höre ich hier auf, arbeite wieder bei der Bank.« Bis dahin müßte sie allerdings anschaffen gehen, denn von »dem miesen Ostgehalt kann ich dem Kind und mir keine anständige Existenz aufbauen.« Am Anfangs sei es ihr leichtgefallen, mit Fremden zu schlafen. »Da blieb ich cool, aber inzwischen habe ich öfters meinen Moralischen, einmal mußte ich mittendrin heulen.« Im Dorf und in der Bank wüßte keiner, womit sie sich ihre Möbel verdient. »Sonst würde ich zu Hause Spießruten laufen.«

»Und wenn einer der Herren aus der Bank als Kunde reinkommt.?«

»Falls er verheiratet ist, und das sind die meisten Kunden, wird er die Klappe halten.«

»Und wenn nicht?«

»Tja, dann ist es eben aus mit der Bankfrau, und ich mache hier weiter.« Ein wuschliger kleiner Terrier kläfft, beißt und zerrt an ihren Pantoffeln. »Er gehört der Chefin, soll mal ein Kampfhund werden.« Der wäre nötig. Nachts ständen manchmal Besoffene im Hof und grölten: »Kommt raus ihr Nutten.«

Ihre Kunden? Geschäftsleute. Beamte. Sich langweilende, besserverdienende Arbeitslose auch. Viele Westler, weil es im Osten noch billiger sei. Ich frage nach Potenzunterschieden zwischen den Ost- und Westmännern. »Habe ich noch keine bemerkt. Doch die Ossis sind zuvor schüchtern, aber danach reden sie über berufliche und persönliche Probleme, als ob man sich schon jahrelang kennt. Die Wessis dagegen geben sich vorher selbstbewußt und weltmännisch, und hinterher knöpfen sie den Hemdkragen zu oder binden die Krawatte, und alles ist wieder verschlossen.« Außerdem wollten die nicht, wie die Hiesigen, bloß mal bumsen. Die meisten wären schon überreizt, für die müßte man sich immer was Neues einfallen lassen, mal im Whirpool, mal an der Sprossenwand...

Heidi F. begrüßt überschwenglich ihren Hund, dann zeigt sie mir das Haus. Liebesschaukel, Sauna, Spielwiese, ringsum Spiegel, spanische Wände, Videogeräte in den sauberen kleinen Schlafzimmern. Und unten ein mit Stuck verzierter großer herrschaftlicher Salon. »Doch in der Küche läßt es sich besser reden«, sagt Heidi. Sie ist einundfünfzig, trägt Jeans, wenig vom großkalibrigen Schmuck, hat lustige braune Augen und Übergewicht. »Seit ich im Osten bin, habe ich mir zwanzig Kilo Sorgenspeck angefressen.«

In der Küche steht schmutziges Geschirr. Ein »Küchendienstplan« hängt zwar an der Wand, aber an den hätten sich die Mädchen nicht gehalten. »Wissen Sie, die Ostmädchen, die kennen anscheinend weder Strom - noch Wasserpreise, von wegen mal sparen...«

Ramona, frisch geduscht, kocht unaufgefordert Kaffee, holt den Kuchen aus dem Kühlschrank und setzt sich zu uns an den Küchentisch. »Wie in einer Familie«, sage ich. Im Moment wäre es wirklich so, bestätigt Heidi. Der Hund, ihr Freund, sie und Ramona. Mehr nicht. Noch vor einem Jahr hätten vier Mädchen hier gewohnt.

»Läuft das Geschäft nicht mehr?«

»Das Geschäft läuft, aber es fehlt an deutschen Mädchen. Ausländerinnen nehme ich hier keine...« Und nach einer Besinnungspause: »Ich hatte mir das Anschaffen im Osten leichter vorgestellt.«

Heidi F. ist kein heuriger Hase in der Branche. Vor knapp dreißig Jahren wechselte sie vom gutbürgerlichen Leben zur Prostitution. Damals arbeitete ihr Vater noch auf der Hardthöhe in Bonn. Sie hatte Modistin gelernt, eine Tochter bekommen, eine Karriere vor sich. »Aber ich wollte allein und ganz anders... In Frankfurt war ich damals eine von den wenigen Nutten, die ohne Zuhälter anschafften, habe ordentlich verdient, bis ich was Eigenes aufmachen konnte. Club und Sauna. Bevor ich, entgegen den Warnungen aller Freunde, 1992 doch in den Osten gegangen bin, hatte ich in Hannover ein Haus mit zehn Zimmern und acht Mädchen.

Zuerst wollte ich es in Dessau, einer ostdeutschen Garnisonsstadt versuchen, aber dort waren früher russische Soldaten stationiert, und nach deren Abzug kam die russische Mafia. Später fand ich hier, mitten in der unschuldigen Natur, diese Traumvilla. Der vorherige Pächter hatte im Haus einen sogenannten »Club« aufgemacht – Bordelle sind in Thüringer Städten unter 50 000 Einwohnern verboten. Allerdings einen von der schlimmen Sorte, ausländische Mädchen und kriminelle Kunden. Und als sich die biederen Dorfbewohner über die Randale empörten, ließ er einen fast vier Meter hohen Bretterzaun drumherum aufstellen. Da griff die Baubehörde ein. Mich dagegen grüßen die Leute im Dorf heute freundlich ›Guten Tag, Frau Heidi.‹ Aber glücklich bin ich nicht im Osten. Zum Beispiel sind die Lebensmittel zwar teurer als im Westen, aber keine Qualität. Gehacktes immer nur mit Knoblauch. ›Die Leute in Thüringen wollen das so‹, sagt der Metzger. Und beim Bäcker sind die Amerikaner eben nicht locker und gelb wie im Westen. Und ringsum außer Natur tote Hose. Da kriegste kein Mädchen aus dem Westen, das hier arbeitet.«

»Und Nachwuchs aus dem Osten?«

»Ich sag's mal brutal: Die Ostmädchen bumsen lieber für 'ne Cola und 'nen Wodka auf der Disco, nur so aus Spaß, als daß sie sich hier für ordentliche Arbeit ordentliches Geld verdienen.«

Ich habe den Fehler gemacht, wegen der Hitze meine Socken auszuziehen. Der Kampfhund zerrt sie nun umher. Ramona verschwindet mit einem Stück Kuchen in der Hand zu einem Kunden...

Schwierigkeiten gäbe es auch mit manchen Behörden im Osten. »Die arbeiten bei unsereinem noch besonders genau, befolgen ängstlich jeden Buchstaben. Im Westen entscheiden die Beamten souveräner, die wissen, wo sie ein Auge zudrücken und Spielraum lassen können.«

Zuerst wollte sie im Salon des Hauses einen Singlesclub eröffnen, da verlangte die Behörde einen Drei-Kammer-Abwasserkanal. Sie beantragte ihn, erhielt aber in zwei Jahren weder eine Absage noch eine Zustimmung. Auch für ein Spielcasino keine Genehmigung. »Doch danach fragen die Verpächter nicht, die wollen monatlich ihre Knete. Jetzt beantrage ich eine Geschäftserlaubnis für einen Erotik-Shop.«

Unterbrechung durch ein langes Telefongespräch mit einem alten Bekannten. Sie fragt, ob er sich nicht beteiligen wolle, sie hätte die Chance, in einer Thüringer Großstadt ein Haus zu mieten und ein Dirnenhaus einzurichten. 150 000 DM brauche sie noch. Er verspricht ihr Hoffnung.

Vorerst, erklärt mir die Chefin kategorisch, mache sie nur noch gemeinsame Geschäfte mit Leuten aus den alten Bundesländern. »Ich hatte einen jungen symphatischen Fuhrunternehmer aus Meiningen kennengelernt, der war Stammkunde im Haus, und der bat mich, ihm für kurze Zeit finanziell zu helfen. Ich habe ihm also ein Büro einrichten lassen, einen Kredit gegeben... Und kurze Zeit danach verschwindet der immer so treu guckende, hilfsbedürftige, dynamische ostdeutsche Jungunternehmer spurlos mit meinem letzten Westmädchen. Dafür stehen seine Kraftfahrer vor der Tür und verlangen von mir ihren seit Monaten ausstehenden Lohn... Ohne Rechtsanwalt kannste hier keinen Schritt auf die Straße gehen.«

Aber entmutigt ist Heidi F. nach drei Jahren Anschaffen im Osten noch nicht. Sie nennt es lächelnd: »Anfangsschwierigkeit eines bislang in dieser Gegend unbekannten Gewerbes. Wenn ich das große Dirnenhaus einrichten kann, werde ich auch die kleine

Villa nicht aufgeben müssen. Hier, wo die Leute im Dorf freundlich ›Frau Heidi‹ zu mir sagen.«

Ramona kommt frisch geduscht zurück. Spült unaufgefordert das Geschirr. Irgendwann krieche ich mit ihr unter den Betten herum und suche meine Socken.

Ich suchte »Dr. Helmut Kohl« *

Die Stahltore der zwei Ausstellungshallen auf der Cottbusser BUGA sind geschlossen. An einem hängt das Schild »Umbauarbeiten!«, und durch das andere läßt ein uniformierter Wachmann nur geladene Gäste zur Eröffnung der Brandenburger und Berliner Hallenschau.

Noch vor zwei Stunden hatte ich, ungefähr der 1 137 611. Besucher, schubsend und geschubst werdend, das Innere der nun wegen Umbau geschlossenen Halle bestaunt: unter dem Dach bunte Luftballons, Papierdrachen, überall Sonnenblumen und gelb-schwarze Landesfahnen. Die Gärtner aus Sachsen-Anhalt und Thüringen (ohne Fahne) präsentierten Alpenveilchen, Teichrosen, Chrysanthemen, Weinstöcke, Dahlien, kleine Birken, Astern und viele mir unbekannte Pflanzen. Veredelt durch Bronze-, Silber- und Goldmedaillen, die im braun-gelben Sand vor den Ausgezeichneten funkelten.

Am Seiteneingang der Halle sehe ich nun einige der Prämierten wieder: schlaff und geknickt im Greifermaul eines baggerähnlichen Ladefahrzeugs. Das karrt sie auf den Kompost. Derweil tragen Frauen und Männer die Alpenveilchen und andere Topfpflanzen in Stiegen aus der Halle und stapeln sie auf kleine Transporter. Kehraus. Gärtner und Helfer wieseln flink wie Bühnenarbeiter beim Kulissenumbau über die Beete, graben, schneiden, sortieren, werfen weg, harken den Sandboden. Die Aussteller haben eine Nacht und einen Vormittag zum »Abräumen« Zeit, danach werden an gleicher Stelle die Blumen und Sträucher der Abschlußschau gepflanzt. Manche Gärtner lassen ihre Blumentöpfe als Geschenke für Schulen und Altenheime in Cottbus.

»Wir können uns solche guten Taten noch nicht leisten«, sagt Heike Eisenhut. Im vierhundert Kilometer entfernten Thüringer

---

* tiefrot mit schwarzen Einsprenkelungen, außerordentlich robust, leichter Duft, auffallend starker straffer Stiel, üppige, stark glänzende Blätter, bisher von pilzlichen Schaderregern frei

Dorf Großburschla – »früher im 500-Meter-Grenzstreifen, da kam man nur mit rotem Stempel im Ausweis rein« – haben sie von der Gartengenossenschaft einen Hektar gekauft. »Wo damals dreißig Leute arbeiteten, haben wir zu viert neu angefangen: mein Vater, die Mutter, mein Mann, der deshalb seinen Job als Autobauer in Eisenach aufgegeben hat, und ich, die nach der Wende noch den Meister machte.«

Sie ist 25. Ihre Alpenveilchen erhielten Bronze. Und die Leute würden die bewährten heimischen Pflanzen neuerdings wieder den hochgezüchteten Holländern vorziehen. Sogar die »von drüben« kämen, um die alte robuste DDR-Tomatensorte »Harzfeuer« zu kaufen. Mut brauche man für den Neuanfang. »Wie die Cottbusser. Als die großmäuligen Berliner die BUGA absagten, sprang das kleine Cottbus in die Bresche, hatte nur noch drei Jahre Vorbereitungszeit.«

Derart ketzerische Worte höre ich in der Nachbarhalle nicht, in der mittlerweile Berliner und Brandenburger Bürgermeister, Minister und Gärtner vor dem Eröffnungsessen ihre Eröffnungsreden halten. Am häufigsten wird Schirmherr Roman Herzog zitiert, der den Cottbussern bescheinigte, daß sie sich durch die BUGA »Achtung und Anerkennung verschafft haben, die beste Grundlage für ein harmonisches Miteinander zwischen Ost und West.« Und die Gärtner reden davon, wie wichtig es sei, hier zu zeigen, daß »die Ostgärtner noch da sind.« Mit Kirschen aus Werder. Gurken aus dem Spreewald. Und Äpfeln von der Havel, obwohl dort nach der Wende hunderttausende Obstgehölze gerodet worden sind. (Von Rolf Hochhuth in seinem Drama »Wessis in Weimar« sehr hölzern dargestellt.) Einer von den Havelobstleuten ist der ehemalige LPG-Vorsitzende Manfred Kleinert aus Marquardt. »Ich habe nach der Vereinigung eigenhändig die Rodung von 1 500 Hektar Obstbäumen unterschrieben. Moralisch und politisch furchtbar, aber ökonomisch die einzige Möglichkeit. Denn nach der Einheit gehörten uns 1 000 Genossenschaftsobstbauern von 3 700 Hektar plötzlich nur noch 16. Die standen im Grundbuch. Die restlichen 3 684 Hektar wurden Waigel und der Treuhand zugeschlagen. Uns blieben allerdings, weil wir zur DDR-Zeit in den Dörfern 27 Kilometer Straßen, dazu

Kindergärten, Ferienheime, Läden, eine Post und anderes gebaut hatten, runde 100 Millionen DM sogenannte Altschulden. Nun ernähre mal tausend Bauern von 16 Hektar und 27 Kilometer Straße, die dir keiner bezahlt. Für die Rodung erhielten wir unterm Strich je Hektar 5 500 DM. Das waren wenigstens drei Monatslöhne für alle.«

Mit drei Familienmitgliedern hat der Sechsundfünfzigjährige wieder hundert Hektar gepachtet. Erntet über 700 Tonnen Äpfel. »Äpfel, die in Farbe und Größe nicht EU- und supermarktgerecht spiegelbildgleich sind, die aber noch nach Apfel schmecken und in denen auch eine Made noch überleben kann.« Und er pflanzt neue Obstbäume! »Erst roden und dann neu anpflanzen. Oder es brach liegen lassen. Von wegen gleich wieder blühende Landschaften. Das dauert. Aber vielleicht ist Kohl kein Gärtner.«

Anfang September besuchte der Kanzler die BUGA. Lobte und taufte eine in Uetersen bei Hamburg im Laufe von fast zehn Jahren gezüchtete Rose auf seinen Namen.

Die wollte ich sehen. Also suchte ich das Rosenterrain auf dem fünfundfünfzig Hektar großen, neugeschaffenen BUGA-Freigelände, das an den um 1850 vom Gartenkünstler, Reiseschriftsteller und »Eiserfinder« Fürst Pückler angelegten historischen Branitzer Park grenzt. Weite Parkfläche und dazwischen Blumenbeete, Teiche, naturbelassene Wiesen, Wasserspielplatz, gläserne Kirche und Pflanzen der Bibel, Bauernhaus mit Kräutergarten, Umweltcentrum mit Schilf, Raps und anderen nachwachsenden Rohstoffen, dampfende Parkeisenbahn, kunstvoll gestaltete Grabmäler und das Rosengelände. Einige tausend Sorten.

Nach einer Stunde hatte ich »Dr. Helmut Kohl« noch nicht gefunden und ging nun systematisch vor. Ich überlegte, daß die Gärtner den Kanzler nicht irgendwohin gepflanzt, sondern die Stelle diplomatisch ausgewählt haben würden. Auf keinen Fall neben dem »Lübecker Rotsporn«.

Wahrscheinlich auch nicht zusammen mit »Heinzelmännchen«. Und »Lavaglut« bzw. »Duftwolke« hätten mißverstanden werden können. Eher schon neben »Sommermorgen« (die Wende!). Am hoffnungsvollsten war ich bei »The Queen«, aber auch dort stand kein dorniger Helmut.

Hilflos fragte ich eine Unkraut jätende Gärtnerin. Langsam kam sie hoch drückte sich das Kreuz gerade und sagte mir Unwissenden, daß der Kohl doch kein Rosenstock gewesen wäre, sondern nur ein Korb geschnittener Rosen und darüber hätte der Kanzler seinen Sekt geschüttet. »Er hat bescheiden gebeten, den Doktortitel wegzulassen und sie nur auf ›Helmut Kohl‹ zu taufen. Und dann zeigte er auf die Blumen ringsum und freute sich über die blühenden Landschaften im Osten... Zwar nur fünfundfünfzig Hektar groß... Das hat er natürlich nicht gesagt, schreiben Sie das bloß nicht.«

Ich frage, weshalb kein Rosenzüchter aus dem Osten auf die Idee mit Kohls Namen gekommen ist.

»Vielleicht weil wir doch den Personenkult lange genug hatten. Allerdings, 'ne Honnirose, nee, nicht daß ich wüßte.«

Zurück ins geordnete Chaos des Umbaus. Kaum noch Blumen in der Halle. Ein Friedhofsgärtner versucht, eine steinerne Stele wegzurücken. Als es nicht gelingt, läßt er sich vom seinem Nachbarn, einem Weinbauern von der Unstrut, Rotwein servieren. Macht Pause. Ein Friedhofsgärtner muß Zeit haben und warten können, sagt er. Der rotbärtige Ernst Einecke aus Magdeburg ist 48, hat mit 16 Gärtner gelernt, sich 1984 selbständig gemacht. Er bepflanzte vor der Wende Gräber und nach der Wende auch. »Vor der Wende hatte ich die meiste Arbeit mit der Materialbeschaffung, jetzt habe ich die meiste Arbeit, die Ware an den Mann zu bringen.« Neue Kunden seien rar geworden. »Denn bevor den Arbeitslosen zu Hause die Decke auf den Kopf fällt, gehen sie lieber jeden Tag auf den Friedhof und harken und gießen. Und die Wessis können ihre Ostgräber jetzt auch selber pflegen. Und schließlich die Angst vieler Alten, daß ihren Kindern die Karriere wichtiger ist als das Grab der Eltern. Die lassen ihre Asche eben gleich ins Meer oder auf die grüne Wiese streuen.« Aber er hätte Zeit, Friedhofsgärtner hätten immer Zeit zum Warten.

Die Hallenchefin Diana Preuschke kommt und fragt ihn, ob er Männer braucht, die den Stein transportieren. Die mollige Frau ist erst 27, stammt aus einem kleinen Dorf bei Bautzen und hat an der Berliner Humboldt-Uni Gartenbau studiert. Die BUGA ist ihr erster Job. Ein gutes Sprungbrett? Sie lächelt. »Wohin denn springen, höher geht's vorerst nicht mehr.« Sie dirigiert das Ladegerät zu den letzten Blumenabfallhaufen. Ein junger Anzugmensch bittet um eine der gelb-schwarzen Landesfahnen, die noch an der Decke hängen. Ich frage ihn, ob er ein Fan von Sachsen-Anhalt ist. »Nee, von Borussia Dortmund.«

Um 22 Uhr verschwinde ich aus den Hallen des Umbaus und der Eröffnung, spaziere durch Cottbus. Ich kenne die Braunkohlenstadt von früher her. Und staune, was aus ihr geworden ist. Die baufälligen alten Bürgerhäuser am Markt restauriert. Ein neues Hotel. Der Bahnhof umgebaut. Die Plattenbauten mit Farbe verschönt.

Ein Händler bietet noch nachts saure Spreewaldgurken an. Und im Schaufenster eines Blumenladens steht neben dem Foto der tiefroten Rose mit schwarzen Einsprengelungen: »Hier können Sie für Ihre Frühjahrspflanzung die ›Helmut-Kohl-Rose‹ bestellen. Pro Staude nur 14,95 DM«

Die letzte Müllerin

Die Weilarer Brückenmühle in der Thüringischen Rhön erwacht wie im Märchen beschrieben. Hähne krähen, die Tauben hocken gurrend auf dem Scheunendach, und die Schwarzkopfschafe stehen noch freßmüde im Gatter. Der dunkle, vom Wehr angestaute Feldafluß, der sich mit goldenen Blättern geschmückt hat, strömt ruhig in den geraden Mühlgraben. Sein Bett aus runden, zum Teil moosgrünen Steinen dagegen ist krumm und fast ohne Wasser. Hohe Erlen säumen das Ufer und verbergen die aus roten Ziegelsteinen und schwarzem Fachwerk gebaute dreistöckige Mühle.

Kurz vor sieben Uhr kommt die Müllerin mit einem Beutel frischer Semmeln vom Bäcker. Der Bäcker hätte sein Geschäft erst vor vierzehn Tagen eröffnet, sagt die Müllerin. Aber die Semmeln wären fast so gut wie zu DDR-Zeiten, keine aufgeblasenen Wessi-Nachahmungen.

»Mit Mehl aus ihrer Mühle gebacken?«

»Nein. Vielleicht nach der nächsten Mehllieferung. Heute wird das Mehl nicht mehr zugeteilt wie früher. Drei Kilometer entfernt steht die Konsum-Großbäckerei Stadtlengsfeld. Wenn die in den nächsten Jahren unser Roggenmehl nehmen, dann könnte die Mühle Tag und Nacht mahlen. Das ist unsere große Hoffnung für die Zukunft, denn die Familie ist seit über hundert Jahren, nun in der dritten Generation, eine Müllerfamilie und reichlich sechzig Jahre schon hier in der Brückenmühle.«

Die bestellten Handwerker, die um sechs Uhr kommen wollten, wären, wie im Sozialismus, immer noch nicht erschienen, klagt die Müllerin. Aber nun sei es Zeit, die Mühle in Gang zu setzen. »Erst muß die Mühle laufen, dann wird gefrühstückt.« Ihr Mann, Heinz Wehner, ist von der Figur her ein Müller, aber von Beruf Autoschlosser. Der Schwiegervater und die schlanke Müllerin haben ihn angelernt.

Noch dreht sich kein Rad, aber ich ducke mich vorsichtshalber unter den vielen breiten Ledertransmissionsriemen. Heinz Wehner kurbelt an einem Eisenrad, erklärt mir, daß er damit die Schaufeln der Wasserturbine öffne. Und langsam beginnt die Mühle am rauschenden Bach zu klappern. Die Walzen der Mahlstühle drehen sich, die Rüttelsiebe rütteln sich. Das gemahlene Korn beginnt seinen Kreislauf durch die drei Stockwerke der Mühle. Weil heute die Wasserkraft nicht mehr ausreicht – »früher hat die Felda bis zu 2 000 Liter in der Sekunde gebracht, jetzt nur noch 200 Liter« –, schaltet Wehner den Elektromotor zu. Aber Gott sei Dank würde das Wasser noch einen guten Teil der notwendigen Kraft abgeben. »Wenn ich die Mühle allein mit Strom betreiben müßte, wären wir längst pleite.«

Nach dem Frühstück sacken die Wehners Mehl ab. Nacheinander steigen sie in eine Art Paternoster, in dem sie, sobald sie an dem herabbaumelnden Seil ziehen und damit den Transmissionsriemen anpressen, blitzartig nach oben oder unten sausen: ein altes Transportmittel für die Mehlsäcke in den Mühlen. Ich tappe die Holztreppe hinauf. Die Müllerin stülpt einen leeren Sack über das viereckige Holz»rohr« aus dem dann das Mehl rieselt. Wiegt auf einer alten Waage, schüttet das zu reichliche Mehl mit einer Holzschaufel in einen Holzbottich, bindet den Sack zu, schubst den Zentner von der Waage. Und ihr Mann karrt ihn zur Ladeluke.

Er schwitzt, und die Haare der Müllerin sind mehlweiß. Sie erzählt, daß eigentlich ihr Bruder, ein gelernter Müller, die Brückenmühle weiterführen sollte. Doch der sei im Krieg gefallen. »Und da hat der Vater zu mir gesagt: Unsere Mühle wird immer und ewig weiter Mehl mahlen, also mußt du Müllerin werden.« 1968 bestand sie ihre Meisterprüfung und übernahm die Mühle 1972 aus der Hand ihres Vaters. Christel Wehner, geborene Döbling, ist heute wahrscheinlich die letzte Müllermeisterin, die in Deutschland eine eigene Mühle besitzt.

Zu DDR-Zeiten hätte sie die Mühle an den Staat verkaufen sollen. Als sie sich weigerte, entdeckte man bei der staatlichen Mehlprüfung in Themar plötzlich Mängel im Mehl der Brückenmüllerin. »Solange, bis mein Mann ein und dieselbe Probe in zwei Hälften teilte, beide vom Bürgermeister versiegeln ließ, eine nach Themar schickte und die andere nach Langensalza. In Themar negativ, das gleiche Mehl in Langensalza aber in Ordnung. Wir beschwerten uns über diese Methoden beim Ministerium. Danach war Ruhe. Die Kommunisten haben uns nicht geschafft.«

Als sie mit dem Absacken fertig sind, fegt die Müllerin das Mehl von den Holzwänden ab, kehrt es auch auf dem Fußboden säuberlich zusammen und wirft es dann in das Reinigungssieb. Die Sparsamkeit sei ihr anerzogen, und auch die hätte sie bestehen lassen gegen die Mühlenkombinate in der DDR. »Wir haben in dieser Zeit unsere Tradition, unseren Beruf, unsere Wassermühle und unseren Stolz erhalten.«

Der Mann unterbricht sie. Es ginge nun aber nicht mehr nur um einige Mark Sparsamkeit. Es ginge um Millionen, die brauche er, um den Preis für Mehl genauso drücken zu können, wie die großen Westmühlen das jetzt im Osten tun würden, um den Markt hier endgültig zu erobern. »Von wegen gleiche Chancen nach der Einheit! Das ist, als ob einer mit dir Skat spielt, und er hat alle Trümpfe in der Hand. Die verkaufen das Mehl manchmal schon zum Getreideeinkaufspreis. In Thüringen haben sie zum Beispiel das Erfurter Mühlenkombinat aufgekauft, die kleinen Mühlen dicht gemacht und dann mit Thüringer Fördermitteln eine neue Großmühle gebaut. Und wenn sie mit ihren Dumpingpreisen auch in Stadtlengsfeld und Salzungen die Bäckereien beliefern, mahlen wir Mehl, ohne dafür noch einen Markt zu haben.« Er zieht unter einem der Siebe eine Schublade auf, nimmt Mehl heraus, preßt es auf einem Holzspachtel glatt. Es ist weiß und trocken, keine Spuren von Verunreinigungen.

Ich sage, daß es doch eine Solidarität der hiesigen Bäckereien mit den kleinen Mühlen geben müßte. »Wenn die alle die Großmühlen von drüben boykottieren...«

Mittagszeit. Gegenüber von der alten Mühle steht ein häßlicher neuer Flachbau. »Restaurant zur Brückenmühle«. Aber ich kriege dort nichts zu essen, keine Gaststätte, dafür ein großer Dorfkonsum. In den Regalen suche ich nach Mehl. Ich finde »Aurora« aus Weinheim, »Weizenkrone« aus München und »Kauffmann-Mehl« aus Mannheim. Dreißig Meter neben der Brückenmühle gibt es kein Mehl aus der Brückenmühle. Die Verkäuferin erklärt mir, daß die hohen Chefs das in Kilotüten abgepackte Mehl aus Weilar nicht listen würden. Sie könne nichts dagegen tun.

Beim Bäcker kaufe ich mir guten Rhöner Matschkuchen. Der Meister ist mit den ersten Tagen hier zufrieden. Nach der Wende war er rübergegangen, nun ist er vor kurzem nach Weilar zurückgekehrt. Er sagt, daß die Zeit drüben nützlich für ihn war. Er hätte dahintergeschaut. »Wenn der Bäcker beispielsweise ein teures Mehlsilo braucht, vermittelt das die Großmühle, gewährt Rabatte und Kredite. Dafür muß der Bäcker dann allerdings das Mehl nur aus dieser Mühle beziehen. Die Brückenmüllerin kann niemandem Kredit für ein Mehlsilo geben.«

Immer noch auf der Suche nach einer warmen Mahlzeit, finde ich hinter Fluß, Eisenbahn und Fernstraße »Kerstins Imbiß«. Und weil die Kerstin schön und freundlich ist, bestelle ich, was ich sonst nie esse: ein in Öl gebackenes Schnitzel im aufgeklappten Brötchen. Ich frage, ob die Brötchen vom Bäcker in Weilar sind. Nein, sie würde sie schon immer in der Großbäckerei Stadtlengsfeld holen. »Und wenn es für die auch nur ein paar tausend Mark mehr Umsatz sind, vielleicht hilft es, den Betrieb zu erhalten. Es arbeiten viele aus Weilar dort.«

Beim Bürgermeister Dieter Fernau (»Ich habe als Kind in der Brückenmühle gewohnt«) erfahre ich, daß es in dem 1 200-Seelen-Dorf schon einunddreißig kleine Gewerbebetriebe gibt, daß seit 1990 so viel mit Fördermitteln gebaut wurde wie in den vierzig Jahren davor nicht. Er zeigt mir Fotos vom neuen Dorfanger, Spielplatz, Kindergartenumbau... Der Kirchturm werde sogar eine Atomquarzuhr erhalten. Auf einem Foto erkenne ich Heinz Wehner. Er läutet die Glocken. »Das war Mitternacht, als Deutschland wieder vereint war. Der Heinz, wir alle lagen uns in den Armen, haben gesungen, manche haben geweint.«

Vom Bürgermeister dann zu seinem Schulfreund Manfred Lange, dem Leiter der Bäckerei in Stadtlengsfeld. Ich muß nicht drumherumreden, der frühere Kali-Mann aus Merkers redet Klartext. Zur Zeit stünden die Bilanzen sowohl in Stadtlengsfeld als auch im Stammbetrieb, der Schmalkader Großbäckerei nicht gut. Eine Beratergruppe hätte herausgefunden, daß allein durch billigeres Mehl, Hefe, Milch und so weiter für hunderttausende Mark rentabler gebacken werden könne. »Es bleibt also gar keine andere Möglichkeit, als die Billigangebote der Großmüller von drüben anzunehmen.« Pause. »Natürlich weiß ich, daß die kleinen Rhönmühlen untrennbar zur Landschaft hier gehören, daß sie die Wasserkraft nutzen, eine Tradition haben, die sogar in der DDR weiterleben konnte... Aber entweder man nimmt das trotz langen Transportweges noch immer viel billigere Großmühlenmehl und verbessert die Überlebenschance für unsere Bäckerei, oder man sagt: Wir nehmen teures Mehl von den hiesigen Kleinmühlen, erhalten damit die Wassermühlen und einige Müller, gefährden aber die siebzig Arbeitsplätze in unserer Großbäckerei. Ein Scheißspiel.«

Abends in der Mühle sage ich der Müllerin nichts vom Gespräch in Stadtlengsfeld. Ich kann in der Brückenmühle schlafen. Die Wehners haben im letzten Jahr komfortable Fremdenzimmer eingerichtet. Vierzehn Betten. Die Idylle der Wassermühle, hausschlachtene Wurst...

Am Nachbartisch sitzt ein Mann im grauen Anzug. Ein Schlafgast für mehrere Tage. Er kommt aus dem rumänischen Brasov und will für seinen Betrieb »Hydromechanika« Gußeisen an das Werk in Dietlas verkaufen. »Die Verhandlungen sind schwer, denn die Leute hier wissen, daß wir wegen der Devisen um jeden Preis verkaufen müssen. Vielleicht ist es so, daß die Westdeutschen erst mit euch ihre Gewinne gemacht haben und nun macht ihr Ostdeutschen sie mit uns. Und wir müssen uns noch Schwächere, Ärmere in Asien oder Afrika suchen.« Hausmacherwurst und Rhönbier schmecken ihm. Höflich dankt er der Müllerin dafür, und bei mir bedankt er sich für »die interessante Konversation.«

Nach acht Uhr geht der Mann der Müllerin in die Mühle. Dreht das Eisenrad zurück. Schließt die Schaufeln der Wasserturbine. Das Klappern der Mühle wird langsam leiser. Dann mahlen die Mahlstühle nicht mehr, und die Rüttelsiebe rütteln nicht mehr. Stille über dem Feldafluß.

Morgen wird die Mühle wieder wie im Märchen erwachen.

Garten Eden in Mark Zwuschen

Irgendwo in der Weite von Kiefernwäldern und Sandwällen, verwehten Panzerspuren, wintergrauem Heidekraut, gelb blühenden Rapsfeldern, von Minenwarnschildern auf den verlassenen sowjetischen Übungsplätzen und alten preußischen Kriegerdenkmälern auf den napoleonischen Schlachtfeldern (hier war der große Kaiser am 6. September 1813 geschlagen worden) liegt das zweihundertdreiunddreißig Seelen zählende Dorf Mark Zwuschen.

Die Landschaft drumherum unterscheidet sich nicht von der um die anderen Katendörfer: viele unbestellte Äcker und leere Koppeln. Stillegungsprämien für Vieh und Boden sind neben ABM-Entgeld und Arbeitslosensalär die derzeit verläßlichste Lebensgrundlage für die meisten der ehemaligen LPG-Mitglieder. (»In einigen der Dörfer hier an der Grenze zwischen Sachsen-Anhalt und Brandenburg beträgt die Arbeitslosigkeit ohne ABM heute über fünfzig Prozent und in Mark Zwuschen erreichte sie vor vier Jahren schon dreiundfünfzig Prozent«, weiß die verantwortliche Frau im Jessener Arbeitsamt.)

Hat man allerdings das Ortseingangsschild von Mark Zwuschen erreicht, findet man nur noch wenige Ähnlichkeiten mit den Dörfern in der Umgebung. Links neben dem Schild werden zweigeschossige Häuser gebaut, auf einem steht schon die Richtkrone. Davor lange Gewächshäuser, an deren Kopfende eine neue Disko (drinnen protzen dicke blaue Ledersessel, das Ding heißt »Blaue Maus«) und die Modeboutique »Big Lady«, die das Flair großstädtischer Einkaufsboulevards imitiert.

Gegenüber ein liebevoll blau-weiß angemaltes niedriges Gebäude. Drinnen eine Korbmacherei mit Verkaufsstelle und einem Floristikzentrum. In Rollstühlen sitzen junge Frauen und Männer und binden Trockenblumen zu Buketts. Linker Hand der »Dorfkonsum«, ein DDR-Überbleibsel, das in den meisten Dörfern wegen fehlender Effektivität in der Marktwirtschaft längst geschlossen worden ist. In Mark Zwuschen hat man ihn in »Integra« umbenannt, modernisiert und die Poststelle mit aufgenommen. Die Tür öffnet sich automatisch. An der Kasse sitzt ein junger Mann mit Klumpfüßen. Nur wenige Schritte entfernt, ebenfalls mit neuem Putz und frischer Farbe, das Mark Zwuschener Restaurant »Garten Eden«. Auf der Speisekarte entziffere ich: »Poisson de turbot Marseillaise (Kräuterfisch in Safransoße, Gemüse Julienne, grüne Sahnenudeln)«

Ein Arbeiter um die Fünfzig, dessen blaue Maurerkombi den Bauch wie eine Fesselballonhalterung umspannt, sagt, daß ich nicht gucken müsse, der Garten Eden öffne erst mittags. Ob er auch reingehe? Vielleicht wenn er mal mehr verdiene. Außerdem sei das Französische nicht seins. Aber die Chefin vom sogenannten Integrationsdorf Mark Zwuschen, die Gabriele Jank, die hätte einen Französisch-Fimmel. Im Herbst wolle sie sogar noch siebenhundert Ziegen anschaffen und dann Original französischen Käse herstellen lassen... Obwohl er nichts sagen möchte gegen die Frau, die hätte als Fremde die Arbeit und die Behinderten ins Dorf geholt, ihn, nachdem der Landtechnik-Betrieb dicht gemacht hatte, als Maurer übernommen, seine Frau als Kindergärtnerin. »Heute haben wir in Zwuschen nicht einmal mehr zwei Prozent Arbeitslose. Aber eben auch keine Kneipe in der unsereiner am Feierabend in Arbeitsklamotten sein Bier trinken kann.«

Ein junger Mann sucht verzweifelt den Fahrer eines der drei zum Integrationsdorf gehörenden Kleinbusse. Morgen sei ein Ausflug in die Glücksburger Heide geplant. Kostenlos! Genauso kostenlos wie Freizeitsport, Bastelnachmittage, Ferienbetreuung, Streichelzoo und Kulturnachmittage in Mark Zwuschen. »Ein wieder geschaffener Rest DDR.« In seinem Büro hat er zusammen mit den vier anderen ABM-Kollegen, die im Integrationsdorf für Sport und Freizeit verantwortlich sind, das meterlange Modell eines sieben Hektar großen künftigen Asterix-Freizeitparks mit Wasserspielen und Indianerdorf, Golfanlage und Duftgarten aufgebaut. Was das kosten wird, weiß er nicht, das wisse nur die Chefin, die Frau Jank.

Sie sitzt im ehemaligen LPG-Büro. Davor zwei Fahnenstangen und ein marmorner Obelisk in der Form eines Grabsteins. Darauf steht: »Hier erhielten 1945 38 Familien als erste im Kreis Jessen aus Junkerland Eigenes Land. Gründung der LPG ›Karl Marx‹ am 19.9.1952. Erste LPG im Kreis Jessen.« Über der Tür hat man das »LPG Karl Marx« inzwischen übertüncht. Aber nicht sehr gründlich. Und Frau Jank ist noch nicht zu sprechen.

Vor dem Integra- Laden stehen alte, schwarz gekleidete Frauen, aufgeplustert wie Saatkrähen, und schwatzen. Der Klumpfuß-Mann an der Kasse heißt Klaus Witschaß und wurde nach der Wende in einem kleinen sozialistischen Prothesenbetrieb vom dortigen Geschäftsführer (»Der war mal rot wie eine Tomate, nun ist er schwarz wie die Nacht«) als erster entlassen. »Ohne die Arbeit im Integrationsdorf wäre ich zu Hause verkommen.« Insgesamt acht Integra-Märkte besäßen sie in den Dörfern ringsum. »Manche wirtschaften schon mit Gewinn.« Auch in der Boutique »Big Lady« redet Bärbel Belitz (40) vom Gewinn. Sie wären mit ihren selber entworfenen und geschneiderten Modellen für die vollschlanke Frau (»Unsere Frau Jank ist auch nicht gerade ein Hänfling«) bei internationalen Modenschauen erfolgreich, würden bis nach Frankreich und Holland liefern. »Und nicht alle Frauen der Ministerien- und Ausländerdelegationen, die sich mittlerweile im Dorf die Klinke in die Hand geben sind so rappeldürr wie die Frau Minister Hildebrandt. Im Gegenteil. Und die kaufen dann gleich bei uns.«

Bärbel Belitz war Langzeitarbeitslose und ist sehbehindert. Sie hatte im DDR-Leitlabor für Rheuma in Treuenbrietzen gearbeitet, bis es 1990 geschlossen wurde. In der alten Bundesrepublik gab es keine Rheumalabors... Am Streichelzoo mit Ziegen, Nutrias, Wollschweinen vorbei zum Biohof. Reittouristik. Kutschfahrten. Glückliche Hühner. (Wöchentlich liefert man siebentausend Bioeier auf die Märkte in Deutschland). Dazu Anbau von Kartoffeln, Tabak und Gemüse.

Im Gewächshaus harkt Hannelore Tischler zusammen mit geistig Behinderten die Erde für die Gurkenpflanzen. »Am 15. Mai '91 wurde ich nach achtundzwanzig Arbeitsjahren in der LPG entlassen. War ja nichts mehr zu machen, die Drei-Zentner-Schweine, früher für 1 300 DDR-Mark verkauft, brachten keine 200 DM mehr, die Milchkühe waren kaum noch die Patrone des

Schußapparates wert... Am 16. Mai stellte mich Frau Jank ein. Allein wäre ich nicht so mutig gewesen, Land zu kaufen, einen Biohof zu gründen.«

Am späten Nachmittag hat Gabriele Jank doch noch Zeit. Sie trägt Übergröße aus der Big-Lady-Boutique und auffälligen Schmuck an Hals, Ohren und Händen. Sie raucht, redet und hustet gleichzeitig. Ist wie eine Schwungradmasse immer in Bewegung. Einunddreißig Jahre alt. Gelernte Datenverarbeiterin. »Als die LPG in Mark Zwuschen dem Behindertenverband Lausitz vor fünf Jahren ihren Speicher anbot, und ich von der extremen Arbeitslosigkeit im Ort erfuhr, dachte ich: Gabriele, wenn du dir deine Idee von einem Integrationsdorf, in dem Behinderte und Einheimische gemeinsam in Würde arbeiten und wohnen, nicht jetzt nach der Wende und hier verwirklichst, dann wird's nie was! Monatelang bin ich von Behörde zu Behörde gelaufen. Eine Frau! Und dann diese Idee! Und die Westleihbeamten schauten in ihren Unterlagen nach, fanden nichts über Integrationsdörfer und sagten: Wenn es so etwas in den alten Bundesländern nicht gibt, braucht man das hier auch nicht! Basta! Eines nachts saß ich bis 22 Uhr vor der Tür der Treuhand, so lange, bis sie uns die alte Werkstatt verkaufte.« Inzwischen hätte sie sich auch mit Finanzen, Wirtschaftsrecht und Management beschäftigt, den »Integrationsdorf Mark Zwuschen e.V.« und eine GmbH gegründet. »In der GmbH sind alle produzierenden Betriebe, Geschäfte und Gewerke des Integrationsdorfes zusammengeschlossen. Zwei gleichberechtigte Geschäftsführer leiten das Integrationsobjekt.«

»Einer für GmbH und einer den e.V.?«

»Nein, beide sind für alles verantwortlich. Sonst vergißt der für die Produktion eines Tages die Belange der Versehrten.«

Als ich sie nach der Zukunft des Integrationsdorfes frage, sagt sie: »Meine, äh, unsere Boutiquen erweitern, die zwei Häuser – unten Gemeinschaftsräume für Behinderte, oben Sozialwohnungen – fertigstellen, die Glücksbrunner Heide zu einem Touristenmagnet wie die Lüneburger machen, unser Integrationsdorf, inzwischen ein Unternehmen mit hundert Behinderten, zweihundert Festangestellten und hundert ABM-Leuten, wirtschaftlich rentabel halten, ein Hotel bauen, ein Schwimmbad, eine Bäckerei, eine Schönheitsfarm für Mollige, die siebenhundert Ziegen und mein, äh, unser französischer Ziegenkäse, ein französisches Weinrestaurant in Jüterbog...« Atempause.

»Mal angenommen, die Gabriele Jank hätte eine Twiggy-Figur und statt der Frankreichliebe eine zu Griechenland...«

»Dann hätte ich hier eine Boutique für Superschlanke und ein griechisches Restaurant eröffnet und würde Original griechischen Schafskäse herstellen lassen. Herrgott, man muß sich mit der Schufterei auch seine Träume erfüllen können. Als Motivationsanschub.«

Ich sage, daß Dicke normalerweise nicht halb soviel Selbstvertrauen wie sie besäßen.

Sie poltert sofort: »Ich bin auch behindert, habe, wie meine Tochter, wegen einer Hüftluxation erst sehr spät und schmerzhaft mit Hilfe von Schienen das Laufen gelernt. Da bleibt nichts anderes übrig als selbstbewußt zu werden, sich durchzubeißen. Sonst bleibst du eben ein bedauernswerter Sozialfall. Ein Bauer hier hat mal zu mir gesagt: ›Mitleid kriegste geschenkt, Mädel, Neid mußte dir erarbeiten.‹ Das stimmt. Denken Sie bloß nicht, daß die anderen Biobauern unsere Eierkisten auf den Märkten aus Rücksicht auf die Behinderten nicht ›umschubsen‹. Wir verkaufen unsere Blumen, Körbe, Sessel, Kleider und alles andere nicht deshalb so gut, weil die Waren zum großen Teil von Versehrten hergestellt worden sind, sondern nur, weil sie besser sind als die von der Konkurrenz.«

Auf der Rückfahrt halte ich im geschichtsträchtigen Nachbarort Dennewitz. (Vier Jahre nach dem großen Sieg über Napoleon wurde dort ein Schinkel-Obelisk aufgestellt.) Frage einen jungen, seit drei Jahren arbeitslosen Rinderzüchter, was er über Mark Zwuschen denkt. Er winkt verächtlich ab. »Wenn die Hildebrandt zu mir kommt und paar Millionen rüberreicht, baue ich in meinem Speicher auch eine Behindertenwerkstatt und gründe einen Biohof.« Ich sage: »Aber in Mark Zwuschen lief die Sache genau umgekehrt. Erst waren Speicher, Werkstatt und Biohof da. Und dann kam die Hildebrandt!«

Er nimmt die Mütze ab und kratzt sich den Schädel.

Vierte Rede zu Ehren des 200. Geburtstages von Joseph Meyer

Ich spreche als letzter. Nach Meyerschem Muster könnte ich so beginnen: Gestern starteten in Brno die Giganten der Landstraße zur ersten Etappe des Cours de la paix, der inzwischen legendären Friedensfahrt. Mancher in diesem Saal wird sich wie ich an bejubelte Schur- und Ampler-Etappensiege erinnern. Und an den Lumpensammlerwagen. Der hatte am Ende des Feldes jene Giganten einzusammeln, die nicht mehr weiterkonnten.

Sehr verehrte Festgäste, Sie werden nach diesem themafremden Anfang fragen, wie ein logischer Bogen vom Friedensfahrt-Lumpensammlerwagen zum 200. Geburtstag des Joseph Meyer zu spannen ist. Natürlich überhaupt nicht. Aber so ähnlich, nur feiner und kunstvoller, knüpfte Meyer sehr oft seine politisch-literarischen, die Zensur irreführenden Tarnnetze. Zum Beispiel, wenn er in »Meyers Universum« eine Eisenbahnfahrt von Plauen nach Erlangen beschreibt. Nach der unumgänglichen Bahnhofsschilderung liest sich das so: »Wo Erkenntnis die Masse des Volkes durchdrungen hat, da ist die Tyrannei unmöglich. Nur ein unwissendes Volk läßt sich berücken und bedrücken, nur unter Unwissenden haben Lüge und Arglist Spielraum, und nur ein solches Volk ist über seine eigenen Interessen so sehr zu täuschen, daß es sich mißbrauchen läßt... Aber ich wollte euch ja von der Eisenbahnfahrt nach Erlangen erzählen und hatte es rein vergessen! Nun denkt mich in Plauen im Bahnhof, wartend auf die Abfahrt. Horcht! Die Lokomotive keucht...«

Und der Lumpensammlerwagen? Vielleicht so: Der letzte Redner muß auflesen, was die Vorredner von Meyers Leben, von seinen Verdiensten, den historischen Zusammenhängen und aktuellen Bezügen übriggelassen haben. Und wahrscheinlich ist fast alles schon gesagt. Zum Beispiel, daß er von Hildburghausen aus fünfundzwanzig Millionen Bücher in alle Welt expedierte. Daß er jede zweite Nacht an seinem Stehpult durchgearbeitet hat. Daß er seine schöne junge Frau zur Eigentümerin des Bibliographischen Institutes machte, damit er die Familie durch seine Spekulationslust nicht wie beim Londoner Kaffeeschiffbruch ruinieren konnte. Daß er seinen, nicht sonderlich wortgetreuen Shakespeareübersetzungen (»in freier Bearbeitung und Verbesserung für das deutsche Volk«), vorsorglich das Motto »Der Buchstabe tötet, aber der Geist gibt Leben« voranstellte. Daß er im Hungerjahr 1847 jedem seiner Arbeiter täglich ein Pfund Brot spendierte. Daß er die Revolutionsideen des »Kommunistischen Manifestes« ablehnte, weil deren Verwirklichung, wie er prophezeite, »die Reichen zwar arm, aber die Armen nicht reich machen würde.« Daß er für seine Bibelausgaben mit folgender bescheidener Anzeige warb: »Schon jetzt dürfen wir dem Vaterland das dankbare Bekenntnis ablegen: Ein glänzender Erfolg hat unser Vertrauen gerechtfertigt.« Daß er Kaufmann, Moralist, Verleger, Lyriker, Bergwerksbesitzer, Naturliebhaber, Demokrat, ein – wie der Dichter Storch sagte – »in die praktische Philosophie übersetzter Faust« war. All das ist so oder ähnlich schon gesagt worden. Und für mich bleibt nur das übrig, was heutige Politiker sagen, wenn sie sich, obwohl über den konkreten Gegenstand eigentlich schon alles wiedergekäut worden ist, auch noch zu Wort melden müssen: die allgemeinsten Weltprobleme bemühen und über sich selbst reden!

Im Herbst 1988 wollte ich eine Reportage über die Verschmutzung der Werra schreiben. Und weil das Thema damals nicht zu den staatlich geförderten gehörte, kleidete ich es in eine Wandergeschichte von der Werraquelle bis zur Mündung, sprich bis ins Sperrgebiet hinein. Ich hatte in Fehrenbach ein Fläschchen reinen Quellwassers geschöpft, das trug ich mit den übrigen, zuvor ausgetrunkenen kleinen Schnapsflaschen im Rucksack. Füllte sie von Ort zu Ort, um das Wasser zu vergleichen. In Hildburghausen kletterte ich gegenüber der Post die Brückenböschung zum übelriechenden Fluß hinunter. Als ich mich bückte, kam ein fürsorglicher Polizist des Weges und sagte: »Das können Sie aber nicht trinken.« Ich antwortete: »Das weiß ich.«

Wozu ich dann das Werrawasser wolle!

Ich sagte etwas von Proben, Umweltverschmutzung, Buch schreiben. Aber weil ich keinen Behördenausweis besaß und private Umweltmessungen damals verboten waren, wurde ich das erste und einzige Mal in meinem unheldischen Leben polizeilich zugeführt. Auf dem Revier machte ich bei der Erklärung meines Umweltprotestes den Fehler, statt des mutigen Ich, das feige kollektive Wir zu verwenden. Das verschärfte die Sache, man vermutete Gruppenbildung.

Wie oft haben wir uns in der Vergangenheit hinter dem Wir versteckt?

In der Reformadresse an den Landesherrn Herzog Bernhard, in dem Meyer während der achtundvierziger Revolution vom Adel bürgerliche Freiheiten für das Volk verlangte, steht am Schluß: »Ich habe gesprochen. Es wäre mir ein leichtes gewesen, zu sagen, ich habe im Namen vieler Tausende gesprochen. Ich thue es nicht. Ich stelle mich allein auf die Bresche der Wünsche nach umfassenden Reformationen, und trage allein die Verantwortlichkeit für dieses Visum.« Der Verleger, der Unternehmer und der Politiker Meyer hat nicht nur, wie heute üblich, die Vaterschaft für den Erfolg beansprucht, er hat vor allem für seine Niederlagen die Verantwortung übernommen. Er hat sie abgearbeitet, wie in der Weberei-Hülfsanstalt in Weilar, er hat sie abgesessen, wie 1851 in der Hildburghäuser Festung, und er hat sie jahrelang mit sich herumgeschleppt wie seine gescheiterten revolutionären bürgerlich-demokratischen Ideen und die mißglückte geistige Missionierung der Massen. »Das Volk muß seine Dichter für einige Groschen kaufen können... Ohne Kenntnis seiner Dichter bleibt es ewig in der Sklaverei der Dummheit und des Egoismus.« Das war sein Lebensziel. Das Volk erheben. Seine Unternehmungen betrieb er in erster Linie nicht als Unternehmungen des Geldverdienens, sondern des geistigen Gewinns der Massen.

Meyer konnte – dem nachrevolutionären Fortbestand des Meininger Herzogtums sei es gedankt – seine Akte nicht wie unsereins beim Verschwinden der DDR persönlich einsehen. Denn in dieser Akte hätte Meyer lesen müssen, was Minister Krafft (kein IM) über den Mann des Wortes zu Protokoll gegeben hatte: daß M. das Herzogtum nicht radikalisieren könne, denn »... die Massen verstehen ihn nicht! Wollte man ihnen Stellen aus dem ›Universum‹ vorlesen, sie würden ihn ... für einen Narren halten.«

Im Mai 1849 formulierte Meyer seine Enttäuschung dann selbst. Er schrieb an den Sohn: »Die Revolution ist des Volkes Natur zuwider, die es nimmer weiter bringt als zwischen Thür und Angel. Ist es da angelangt, dann bleibt es gewiß hocken ... schon um der Bequemlichkeit willen.«

Nach der Wende im Jahr 1989 schwieg ich lange. Ich war zwar aus der Welt des Sozialismus, für dessen Ideen ich mich begeistert hatte, ausgewandert, aber in der neuen alten Welt noch nicht angekommen. Unterwegs auf der Strecke geblieben... In dieser Zeit erhielt ich vom emsigen Hildburghäuser Goethe-Freundeskreis eine Leseeinladung. Aber daraus entstand kein Lese- sondern ein Gesprächsabend, denn viele vom Freundeskreis waren wie ich auch noch auf der Suche. Und als ich dort, was mir nicht leicht fiel, offenbarte, daß ich die angelernten politischen Postulate aus meinem Kopf entfernt hätte, ganz zum Schluß die These von der angeblichen historischen Weisheit und Weitsicht der Volksmassen, von der wir Schriftsteller immer wieder lernen sollten, begannen wir an jenem Abend, gemeinsam nach einer neuen Vision zu suchen. Und eine junge Lehrerin bemühte dazu nicht den Sumpf-Abzieh-Goethe, sondern sprach von Meyers mutigen Eisenbahnplänen. Wir sollten uns das einmal vorstellen: Ein zerstückeltes, von adligen Kleinherrschern gelähmtes Land. »Und da plant dieser Meyer ein Eisenbahnnetz nicht nur innerhalb seines Ländles, sondern in ganz Deutschland, die Himmelsrichtungen querend. Er zerstört damit gedanklich die angeblich gottgewollte Ordnung, baut eine neue, grenzenlose Gesellschaft.« Und die junge Lehrerin schlußfolgerte: »Das wiedervereinigte Deutschland braucht dringend einen Visionär von Meyers Größe!«

In der letzten Reihe widersprach ein grauhaariger Herr: So wie der Visionär Meyer seinerzeit an der Kleinstaaterei der verkrusteten adligen Macht gescheitert sei, würde ein Visionär heute an der machtegoistischen Kleinkariertheit der verkrusteten Parteienstrukturen scheitern müssen.

Auch deshalb fanden wir an diesem Abend weder Weg noch Visionär.

Als im vergangenen Herbst fünfundzwanzig bayerische und Thüringer Schriftsteller von Hildburghausen aus aufbrachen, um gemeinsam zur Veste Heldburg und ins bayerische Königsberg hinüberzuwandern, traf ich eine der ältesten Frauen des Goethekreises wieder. Sie erzählte mir traurig, aber nicht klagend, daß sie seit drei Jahren ihren kleinen Garten im Stadtzentrum nicht mehr bestellen könne. Der Schwiegersohn lagere dort Baumaterialien, um das Haus zu erneuern. Drei Jahre ohne Blumen, vor allem die Stockrosen, die Malven fehlten ihr. Die gelben und schwarzen, gut auch für Tee... Aber noch bevor der Garten zur Baústelle wurde, hätte sie die Samen aus den vertrockneten Blütenrispen abgeriffelt. Nun bewahre sie die kleinen braunen Kerne neben dem Sparbuch in ihrer alten Schmuckkassette auf. Für den Tag, an dem sie ihren Garten wieder umgraben und Blumen säen würde.

Aufbewahren über die unfruchtbaren Zeiten hinweg: Samen, humanistische Werte, das Erbe der Klassiker, künstlerische Ideen. Aufbewahren, damit zur Säezeit keine Not ist an Saatgut.

Da hatten wir plötzlich unsere machbare Vision. Bewahrer und Sämann sein. Wie Meyer seinerzeit. Und dabei nicht zuerst nach der einzufahrenden gewinnbringenden Ernte fragen. (Meyers Werra-Eisenbahn wurde zwei Jahre nach seinem Tod von ehemaligen Konkurrenten realisiert.)

Bewahren und Säen. Das ist nicht nur Meyersche Vergangenheit, sondern auch Gegenwart für viele Hildburghäuser geworden. Für die Musikfreunde der Stadtkantorei, die Geschichtsforscher und Buchhändler, für Goethes Erben, kunstsinnige Kommunalpolitiker, Bibliothekarinnen, Gartengestalter...

Bewahren und Säen. Und vielleicht werden irgendwann für einen der heute hier Sitzenden Verse geschrieben, wie sie seinerzeit Joseph Meyer zugeeignet wurden:

Von dem, was werden will war er ein Ahner,
von dem, was kommen muß, gewillter Planer,
ein Gassenmacher und Wegebahner,
ein Knechtetröster und Herrenmahner.